Imke Friedrichsen & Jan de Jonge

SÜDWESTEN
USA

50 TIPPS ABSEITS der ausgetretenen PFADE

360° medien

IMPRESSUM

SÜDWESTEN – USA
50 Tipps abseits der ausgetretenen Pfade
Imke Friedrichsen & Jan de Jonge

Nachtigallenweg 1 | 40822 Mettmann
360grad-medien.de

Redaktion und Lektorat: 360° medien

Satz und Layout: Elke Gräfe

Gedruckt und gebunden:
LD Medienhaus | Hansaring 118 | 48268 Greven | ld-medienhaus.de

Bildnachweis: siehe Seite 256

ISBN: 978-3-96855-562-1
Hergestellt in Deutschland

360grad-medien.de

Imke Friedrichsen & Jan de Jonge

SÜDWESTEN

USA

50 TIPPS ABSEITS der ausgetretenen PFADE

360° medien

VORWORT

„And I don't know about tomorrow
right now the whole world feels right
and the memory of a day like today
can get you through the rest of your life."

aus dem Lied „Today" von Brad Paisley

Reisen ist weniger die Frage, in welcher Frequenz möglichst alle weltbekannten Highlights von der eigenen To-do-Liste abgehakt werden können. Vielmehr geht es darum, das Land, die Region oder auch den einen ganz speziellen Ort zu erleben. Was vorerst wie eine Beschränkung oder ein Verzicht auf mehr aussieht, hat sich für uns als die größte Bereicherung unseres Reiselebens herausgestellt. Man könnte es als bewusstes Reisen bezeichnen. Entschleunigt von dem Verlangen, immer mehr in immer kürzerer Zeit erleben zu müssen. Unterwegs sein, ohne den Druck immer mehr in den Reiseplan zu quetschen. Und mal einen Umweg zu nehmen und auch dabei jeden Moment und jede Sekunde in vollen Zügen genießen – einfach da zu sein.

Wer sich darauf einlässt und so reist, wird schnell feststellen, dass diese Reisen mehr sind und mehr geben. Sie sind reich. Reich an Momenten und Freiheit. In fast zehn gemeinsamen Reisejahren in die USA haben wir so manchen Umweg genommen – mal geplant, mal ungeplant – und haben den Weg stets als Ziel verstanden. Glücklicherweise bedeutet dies nicht, dass es auf diesem Weg nichts zu entdecken gibt. Das Gegenteil ist der Fall. Rechts und links des Weges warten die wahren Highlights des Südwestens.

Das einzigartige Gefühl von Freiheit und unbegrenzten Möglichkeiten liegt abseits der ausgetretenen Pfade. Der Südwesten der

USA bietet für Naturliebhaber vielfältige Möglichkeiten, die eigenen Reiseträume zu verwirklichen und Abenteuerluft zu schnuppern. Gerne möchten wir dieses Buch als Ansporn verstanden wissen, den Blick über den Tellerrand der üblichen Reiseempfehlungen zu wagen, den „kleineren Details“ und „Underdogs“ eine Chance zu geben. Die unberührte und ursprüngliche Natur auf unseren eigenen Wegen zu erleben, ist für uns stets das größte Geschenk, Abenteuer und Erholung zugleich gewesen.

Dieses Buch ist eine Herzensangelegenheit und wir freuen uns, ein paar unserer ganz persönlichen Highlights zu teilen.

Imke Friedrichsen & Jan de Jonge

INHALTSVERZEICHNIS

WILLKOMMEN IM SÜDWESTEN DER USA 10

TOP TEN DER SEHENSWÜRDIGKEITEN 14

KURIOSES & BESONDERHEITEN 20

ARIZONA: DER NORDEN UND DER SÜDEN 26

1. Coal Mine Canyon: Aus Sandstein geschaffenes Juwel 30
2. Watson Lake: Blaue Oase in Arizona 34
3. Mogollon Rim: Verwunschene Landschaft aus Wald und Seen 38
4. Apache Trail: Kakteen und Seen 42
5. Dobbins Lookout: Beeindruckender Blick auf ein funkelndes Lichtermeer 46
6. Catalina State Park: Unterschätztes Juwel am Fuße der Santa Catalina Mountains 50
7. Gates Pass Road: Auf Serpentinen durch die Kakteenlandschaft 52

ARIZONA: VERDE VALLEY – SEDONA 56

8. Robbers Roost: Höhle mit Geschichte 60
9. Doe Mountain: Weite Blicke und beeindruckendes Panorama 64
10. Birthing Cave: Spektakulär gerahmter Blick über das Red Rock Country 68
11. Amitabha Stupa and Peace Park: Zeit für Spiritualität 72
12. Sugarloaf Mountain: Highlight inmitten der Stadt 76
13. Secret Slickrock: Bester Ort für einen unvergesslichen Sonnenaufgang 80
14. Broken Arrow Trail: Rot-weiße Klippen, grüne Bäume und roter Sand 84
15. Banjo Bill Picnic Site: Zeit für eine willkommene Abkühlung 88
16. „Am Rand der Welt“: Coconino National Forest 92

NEVADA ... 96
17. Cathedral Gorge State Park: Beeindruckende erodierte Felsformationen ... 100
18. Spring Mountains: Berge und Schnee vor den Toren der Wüstenstadt ... 104
19. Sunset Point: Wo sich Horizont und Casino-Lichter treffen ... 108
20. White Owl Trail: Kleiner, aber feiner Slot Canyon mit gefiederten Bewohnern ... 112
21. Bowl of Fire: Inmitten von feuerroten Felsen ... 116

UTAH: DER OSTEN ... 120
22. Big Horn Overlook: Wo die Sonne hinter den Hörnern versinkt ... 124
23. Corona Arch und Bowtie Arch: Moabs schönste Felsbögen ... 128
24. Delta Pool: Wanderung wie auf dem Mond ... 132
25. Onion Creek Narrows: Knöcheltief waten durch Moabs Schluchten ... 136
26. Fisher Towers: Wo zerklüftete Sandsteinzinnen den blauen Himmel durchschneiden ... 140

UTAH: DER SÜDEN ... 144
27. Cascade Falls und Dixie National Forest: Der Weg ist das Ziel ... 148
28. Sand Cave: Die Höhle, die niemand kennt ... 152
29. Willis Creek: Wanderung durch schwarz-goldene Canyonwände ... 156
30. Cottonwood Canyon Road: Schönste Dirt Road durch das Grand Staircase-Escalante National Monument ... 160
31. Yellow Rock: Gelber Felsgigant aus Navajo-Sandstein ... 164
32. Buckskin Gulch: Der wohl eindrucksvollste Slot Canyon des Südwestens ... 168
33. Alstrom Point: Kontrastreicher Ausblick auf den Lake Powell ... 172

UTAH: IM SÜDWESTEN ... 176
34. Pine Park: Bizarre Farben und Formen in absoluter Abgeschiedenheit ... 180
35. Snow Canyon State Park: Vielseitiges Highlight vor den Toren der Stadt ... 184
36. Scout Cave: Auf den Spuren der Späher ... 188
37. Yellow Knolls: Wanderung wie auf Bienenwaben ... 190
38. Candy Cliffs: Orange Zuckerberge von Utah ... 194
39. Red Cliffs Recreation Area: Rote Felsen, Wasserfälle, blauer Himmel ... 198
40. Sand Hollow State Park: Am roten Strand von Utah ... 202
41. Gooseberry Mesa: Einmal Mars und zurück ... 206
42. Water Canyon: Unberührte Wildnis zwischen Zion und Vermillion Cliffs ... 210

UTAH: ZENTRUM UND NORDEN ... 214
43. Bonneville Salt Flats State Park: Salz soweit das Auge reicht ... 218
44. The Wedge: Wildnis pur am Little Grand Canyon ... 222
45. Little Wild Horse Canyon: Der etwas andere Slot Canyon ... 226
46. Factory Butte und Cainville Badlands: Ode an die Ödnis ... 230
47. Hole-in-the-Rock Road: Abenteuer pur auf staubiger Piste ... 234
48. Mirror Lake Highway: Strasse der tausend Seen ... 238
49. Cottonwood Canyons: Alpines Paradies vor den Toren von Salt Lake City ... 242
50. American Fork Canyon & Alpine Loop: Eine Panoramafahrt durch Utahs Herz ... 246

REGISTER ... 250

BILDNACHWEIS ... 256

INFO

Mietwagen

- Vor dem Befahren nicht asphaltierter Straßen mit Mietfahrzeugen empfiehlt es sich, den Versicherungsschutz zu klären. Im Regelfall sind Offroad-Fahrten durch den Vermieter ausgeschlossen, Fahrten auf befestigen öffentlichen Straßen (auch ohne Asphaltdecke) hingegen möglich.

US Park Pass

- Der Nationalpark-Jahrespass (US Park Pass, *nps.gov/planyourvisit/passes.htm#america-the-beautiful-passes*) ist nur in den Nationalparks gültig.

Roadtrip – ein Gefühl von Freiheit

Hinweis: Aus Gründen der besseren Lesbarkeit wird auf eine geschlechtsneutrale Differenzierung verzichtet. Entsprechende Begriffe gelten im Sinne der Gleichbehandlung grundsätzlich für alle Geschlechter. Die verkürzte Sprachform beinhaltet keine Wertung.

Willkommen im Südwesten der USA

Kaum eine Region in den USA ist bei Reisenden und Urlaubern so beliebt wie der Südwesten der USA. Gründe dafür gibt es viele, und daher zieht es auch die unterschiedlichsten Zielgruppen Jahr für Jahr immer wieder in die Staaten Arizona, Utah und Nevada: Vom gemütlichen Wohnmobilreisenden über den Harley Davidson begeisterten Route 66-Motorradclub bis hin zu Fotografen und Wanderern, die eher die sportliche Herausforderung und Ruhe der Natur suchen. Dabei bietet das insgesamt 800.000 Quadratkilometer große Areal der drei Staaten so viele Gegensätze, Ausgangspunkte und Unternehmungen, dass es nicht verwunderlich ist, dass viele Besucher hier den American Way of Life einmal selbst erleben möchten und nach der ersten Reise nicht mehr davon loskommen.

Obwohl die drei Staaten direkt aneinander grenzen und sicherlich viele landschaftliche wie kulturelle Gemeinsamkeiten aufweisen, so besitzen sie nicht nur ihre ganz eigene Geschichte, sondern vor allem sehr individuelle Highlights, die für jeden Reisenden genug Gründe bieten, die unterschiedlichen Regionen zu erkunden.

Und bereits während der Vorbereitung der Reise stellen sich Fragen, die in sämtlichen Foren und Reiseblogs oft lebhaft diskutiert werden: Welche Strecke ist die beste für eine Rundreise? Wie können am meisten sehenswerte Highlights in kürzester Zeit bereist werden? An dieser Stelle sei jedoch gesagt, dass der Südwesten der USA weit mehr ist als Nationalparks, Diner, Highways und Shopping Malls, die es in einer bestimmten Reihenfolge regelrecht abzuarbeiten gilt. Es gibt so viel mehr unterwegs am „Straßenrand" zu entdecken und zu bestaunen, dass die Reise selbst als das Ziel verstanden werden sollte. Wer sich dem nicht verschließt, wird mit dem ganz besonderen Zauber der südwestlichen Region der USA belohnt und seine ganz individuelle Abenteuerreise erleben.

In Nevada ist einer der Hauptattraktionen die Sin City Las Vegas. Bekannt aus zahlreichen Hollywoodfilmen ist die Metropole

Kurvige Bergstraße in Nord Utah

nicht nur einer der Anziehungspunkte schlechthin, sondern auch idealer Ausgangspunkt für eine klassische Rundreise durch den Südwesten der USA. Sobald die glitzernde Stadt des Glücksspiels außer Sichtweite ist und sich langsam die karge Landschaft hinter der Windschutzscheibe des Mietwagens zeigt, wird vielen Reisenden erst im Ansatz bewusst, wie riesig und vielfältig die USA eigentlich sind. Meile um Meile kann vergehen, ohne dass sich Gegenverkehr zeigt, Radio- und Handyempfang oder ein sonstiges Anzeichen von Zivilisation vorhanden ist. Solange bis schließlich ein kleines, verschlafenes Städtchen am Horizont erscheint und auch genauso schnell wieder verschwindet. In dieser manchmal etwas trist wirkenden Einsamkeit verbergen sich oftmals die Juwelen des Südwesten. Seit Jahrtausenden ist die Natur hier der Witterung unterworfen. Wind und Wetter haben die Landschaften geprägt und ein unvergleichliches Wunderland erschaffen. Seien es die farbenprächtigen Gesteinslandschaften im Valley of Fire State Park, die meterhohen sandsteinfarbenen Bentoniten des Cathedral George State Park oder die satten grünen Wälder in den

Spring Mountains. Nevada ist neben der reinen Vergnügungsmeile in Las Vegas viel mehr als das.

Einmal im Leben am Grand Canyon stehen, den Zauber der Route 66 erleben, das Westernfeeling im glühend orangeroten Monument Valley spüren oder die imposanten, meterhohen Kakteen der südlichen Wüstenlandschaft bestaunen – Erlebnisse wie diese ziehen Besucher immer wieder nach Arizona. Der Staat bietet genau das, wofür in Magazinen, Filmen und Reportagen geworben wird – den wilden Westen einmal hautnah selbst erleben. Und doch gibt es neben den bekannten Besuchermagneten etliche nicht zu unterschätzende Spots, die mindestens genauso im Rampenlicht stehen könnten. Seien es die roten Felsen rund um das spirituell geprägte Sedona oder die zahlreichen Seen im Osten des Staates, die mit ihrem strahlenden Blau immer wieder einen wunderschönen Kontrast zur kargen Landschaft zaubern. Neben wüstengeprägten und vor allem heißen Landstrichen hat der Bundesstaat überraschenderweise noch ein weiteres Ass im Ärmel: endlos scheinende immergrüne Waldgebiete verschiedener National Forest, die einen enormen Kontrast zum Rest des Staates erzeugen.

Diverse unterschiedlich große Reservate indigener Völker prägen in Teilen maßgeblich den Grand Canyon State und lassen einen Teil der zurückliegenden Geschichte immer in der Gegenwart präsent sein. Die Metropolen Phoenix und Tucson bieten zudem auch ausreichend Aktivitäten für Großstadtliebhaber. Übrigens gilt die Hauptstadt Phoenix mit bis zu 46 Grad Celsius als heißeste Stadt der gesamten USA.

Glühend rote bis gelborange Fels- und Gesteinsformationen sind das Markenzeichen Utahs. Je nach Tageszeit leuchten sie in unterschiedlicher farblicher Varianz und ziehen Besucher des Beehive-Staates schnell in ihren Bann. Der nach Nevada zweittrockenste Staat der USA weist etliche einzigartige und beeindruckende Gesteinsgebilde auf und bietet abenteuerlustigen Naturliebhabern bezüglich ihrer Zielregion die Qual der Wahl. Sind es die verborgenen Slot Canyons um Escalante, die marsähnlichen Landschaften rund um Moab oder doch die gelb versteinerten Sanddünen rund um St. George?

Kurvenreiche Straße und sanfte Hügel in Arizona

Kontrastreicher könnte im Gegensatz dazu der Norden des Bundesstaates kaum sein, denn die Region ist wahrlich ein Paradies für Wintersportler, Mountainbiker und Kletterer. Rund um die Olympiastadt Salt Lake City, die durch die Bergkette der Wasatch Mountains eingerahmt ist, bieten dichte grüne Wälder und einladende Naherholungsgebiete alles, was das Herz des Outdoorliebhabers begehrt.

Wenn die Reifen des Mietwagens brummend über den heißen Asphalt rollen und rechts wie links der Wilde Westen vorbeirast, stellt sich auf Reisen durch die drei Staaten schnell ein ausgeprägtes Freiheitsgefühl ein. Eine weitere Gemeinsamkeit von Arizona, Utah und Nevada ist ihr Reichtum an Kontrasten. Innerhalb von ein paar Stunden Autofahrt kann sich nicht nur das Klima, die Vegetation, sondern auch die gesamte Atmosphäre komplett verändern. Genau diese schier unerschöpfliche Anzahl an Möglichkeiten ist so typisch für das amerikanische Lebensgefühl. Alles scheint möglich, Reisende müssen nur entscheiden, wonach ihnen bei diesem Abenteuer der Sinn steht.

TOP 10

DER SEHENSWÜRDIGKEITEN IM SÜDWESTEN DER USA

1 **Pine Park, UT:** Im Südwesten Utahs, versteckt vor den Augen der Welt, liegt Pine Park – ein außergewöhnliches Naturwunder. Dieser Park besticht durch seine einzigartigen weißen Felsformationen, die aus komprimierter Asche entstanden sind und sich kontrastreich von den umliegenden dichten grünen Wäldern abheben. Pine Park ist ein Paradies für Erkundungslustige und Kletterbegeisterte, die die unberührte Schönheit der Natur suchen. Erreichbar über eine Waldstraße, tauchen Besucher in eine Welt der Stille und Abgeschiedenheit ein. Das Wechselspiel zwischen den üppigen Wäldern und den faszinierenden weißen Felsen macht jeden Besuch zu einem unvergesslichen Erlebnis.

2 **The Wedge, UT:** The Wedge, auch liebevoll „Little Grand Canyon“ genannt, thront majestätisch im San Rafael Swell und bietet eine spektakuläre Aussicht, die das Herz eines jeden Naturliebhabers höher schlagen lässt. Dieses versteckte Juwel mit seinem atemberaubenden Panorama über die Sids Mountain Wilderness Area ist eine Oase der Ruhe und ein Rückzugsort für all jene, die die Einsamkeit suchen. Erreichbar über staubige Schotterwege, entfaltet sich hier eine Welt fernab des

Alltäglichen. Mit beeindruckenden Aussichten und idyllischen Campingplätzen ist The Wedge ein unvergesslicher Ort für jeden, der die unberührte Pracht Utahs erkunden möchte.

---

3 **Secret Slickrock, AZ:** Der Secret Slickrock offenbart eine atemberaubende Aussicht auf den Cathedral Rock, ein Wahrzeichen Arizonas,mit seinem leuchtend roten Sandstein. Umgeben von grünen Hügeln und dem sanften Plätschern des Oak Creek bietet dieser Ort eine perfekte Mischung aus natürlicher Schönheit und spiritueller Ruhe. Es ist ein besonderer Platz für Meditation und Besinnlichkeit mit von Menschenhand gelegten Steinkreisen, die auf einen Vortex hindeuten. Der Trail zum Secret Slickrock ist leicht zugänglich und führt über losen Sand und glatten Sandstein zu einem Plateau mit einem atemberaubenden Blick auf den Cathedral Rock und die umliegende Landschaft. Dieser Ort ist ideal für Fotografen, Naturliebhaber und alle, die einen ruhigen, aber eindrucksvollen Ausblick suchen.

4 **Edge of the World, AZ:** Der „Edge of the World“ im Coconino National Forest ist ein Ort von unbeschreiblicher Schönheit und Ruhe. Hier, in der Wildnis nördlich von Sedona, eröffnet sich ein atemberaubendes Panorama über ein Tal aus roten Felsen und grünen Bäumen. Der Aussichtspunkt lässt das Gefühl aufkommen, am Ende der Welt zu stehen. Die Region ist

durch Wind und Wasser geformt und bietet einzigartige geologische Formationen. Der Zugang erfolgt über verschiedene Schotterstraßen oder zu Fuß über den A.B. Young Trail. Ein Besuch hier ist eine ausgezeichnete Möglichkeit, die Wildnis zu erkunden. Die Tierwelt ist reichhaltig und die Aussichtspunkte bieten wechselnde Perspektiven auf Sedona und die umliegende Natur. Für jeden, der Ruhe und eine unvergessliche Aussicht sucht, ist Edge of the World der ideale Ort.

5 **Sunset Point, NV:** Der Sunset Point nahe Las Vegas ist ein einzigartiger Aussichtspunkt, der einen unvergleichlichen Blick auf die glitzernde Stadt bietet, besonders zum Sonnenuntergang und bei Nacht. Dieser Ort ist ein ruhiger Kontrast zu den belebten und kostenpflichtigen Aussichtspunkten in Las Vegas selbst. Der Sunset Point, gelegen am Fuße des Frenchman Mountain, ist ein Geheimtipp für alle, die einen atemberaubenden Sonnenuntergang erleben und die Stadt in ihrer leuchtenden Pracht sehen möchten. Der Besuch ist

kostenlos und der Aussichtspunkt ist leicht mit dem Auto zu erreichen, ein perfekter Ort für einen romantischen Abend oder eine friedliche Auszeit.

---

6 **Cottonwood Canyon Road, UT:** Die Cottonwood Canyon Road, die sich durch das Grand Staircase-Escalante National Monument zieht, ist eine atemberaubende Fahrt durch eine der beeindruckendsten Landschaften des Südwestens. Die 75 Kilometer lange Dirt Road bietet ein Abenteuer durch eine unberührte und vielfältige Naturkulisse. Highlights entlang der Strecke sind faszinierende Sandsteinformationen, lebhafte Wildblumen und eindrucksvolle geologische Merkmale. Die Straße ist ein Paradies für Naturfreunde, die die Schönheit des Südwestens in seiner reinsten Form erleben möchten. Die Cottonwood Canyon Road ist sowohl für Wanderer als auch für passionierte Roadtripper ein Muss.

7 **Gates Pass Road, AZ:** Die Gates Pass Road in Tucson ist berühmt für ihre spektakulären Aussichtspunkte und den unvergesslichen Blick auf die untergehende Sonne. Die Straße, die durch den Tucson Mountain Park führt, bietet einen beeindruckenden Blick auf die Stadt und ihre Umgebung. Einst von einem Pionier erbaut, ist sie heute ein beliebtes Ziel für romantische Ausflüge und Naturfreunde. Besonders am Abend, wenn die Sonne hinter den Spring Mountains untergeht, bietet der Gates Pass einen der besten Ausblicke in der Stadt. Es ist der ideale Ort, um die Schönheit der Natur und die Lichter von Tucson in Ruhe zu genießen.

8 **Birthing Cave, AZ:** Versteckt im Herzen des Coconino National Forest, verzaubert die Birthing Cave in Sedona mit ihrer atemberaubenden Schönheit und den charakteristischen roten Sandsteinfelsen. Der Weg hierhin führt Wanderer durch eine faszinierende Landschaft aus roten Sandsteinfelsen und saftig grünen Bäumen. Der Trail ist gut markiert und bietet unterwegs spektakuläre Ausblicke. In der Birthing Cave wartet ein unvergleichlicher Blick über die umliegenden Berge. Die Höhle selbst ist ein friedvoller Ort, umgeben von Gerüchten über spirituelle Zeremonien. Es ist der perfekte Ort für diejenigen, die die Natur genießen und gleichzeitig etwas über die lokalen Legenden und Mythen erfahren möchten.

9 **Mirror Lake Highway, UT:** Der Mirror Lake Highway, ein Juwel im nördlichen Utah, windet sich als UT-150 durch eine atemberaubende Naturlandschaft. Diese Route ist ein Kaleidoskop aus glitzernden alpinen Seen und dichten Wäldern, die zum Träumen einladen. Jeder Kilometer entlang dieser Straße ist ein neues Abenteuer mit dem malerischen Mirror Lake als einem von vielen Höhepunkten. Der Bald Mountain Pass bietet grandiose Ausblicke, während die Provo Falls mit ihrer natürlichen Pracht beeindrucken. Ein Paradies für Naturfreunde, die in aller Ruhe die vielfältige Schönheit dieser Region entdecken wollen.

10 **Cathedral Gorge State Park, NV:** Der Cathedral Gorge State Park in Nevada ist ein geologisches Meisterwerk. Die bis zu 50 Meter hohen Sandsteintürme und Felsformationen bieten ein surreales und dramatisches Landschaftsbild. Der Park, nur wenige Stunden nördlich von Las Vegas gelegen, ist ein Kontrast zur geschäftigen Stadt. Zahlreiche Wanderwege führen durch die einzigartigen geologischen Strukturen. Die Landschaft des Parks ist das Ergebnis jahrtausendelanger Erosion und bietet eine faszinierende Kulisse für Abenteuerlustige und Fotografen. Der Cathedral Gorge ist ein idealer Ort für kurze Wanderungen mit spektakulären Aussichten von verschiedenen Punkten aus.

KURIOSES & BESONDERHEITEN

Willkommen im faszinierenden Südwesten der USA, einem Ort voller Wunder, vom glühenden Wüstensand bis zu den imposanten Felsenklippen. Diese Region birgt so manche Überraschungen, nicht nur in der Natur, sondern auch in ihrer Geschichte und Kultur.

Area 51: Tief im südlichen Nevada liegt die geheimnisumwobene Basis Area 51. Jahrzehntelang war diese Militäranlage Gegenstand von Spekulationen und Theorien über UFOs und Außerirdische. Obwohl die US-Regierung die Existenz der Anlage inzwischen bestätigt hat, bleibt vieles an diesem Ort weiterhin ein Mysterium.

Hoover-Staudamm: Zwischen Arizona und Nevada gelegen, war dieser Damm einst das größte Betonbauwerk der Welt. Er versorgt nicht nur den Südwesten mit Wasser und Strom, sondern ist auch ein beeindruckendes Zeugnis menschlichen Erfindungsgeists.

Versteinerte Wälder: Im Petrified Forest National Park wandeln Besucher buchstäblich über versteinerte Geschichte. Dieses Land, einst üppiger Wald, birgt heute eine der weltweit größten Sammlungen versteinerter Bäume – ein faszinierendes Naturphänomen, das die Zeit in Stein festhält. Einige dieser Baumstämme sind bis zu 225 Millionen Jahre alt. Über Jahrmillionen haben sich die einstigen Holzstücke dabei durch den Einfluss von Mineralien in bunte Quarze verwandelt.

Navajo Nation: Das größte Reservat in den USA. Es erstreckt sich über Teile von Arizona, Utah und New Mexico und ist Heimat für die Navajo, die ihre eigene Sprache und Kultur bewahrt haben. Während des Zweiten Weltkrieges dienten Stammesmitglieder als Funker und nutzten ihre kryptische Sprache als von Feinden nicht entschlüsselbaren Code.

Neonreklamen von Las Vegas: Die Wüstenstadt in Nevada ist berühmt für ihre grellen Neonlichter. Das Neon Museum in Las Vegas bewahrt die leuchtende Vergangenheit der Stadt durch eine Sammlung ikonischer Neonreklamen. Es ist eine glitzernde Hommage an die Stadt, die niemals schläft. Jedes Stück erzählt seine eigene Geschichte und bringt das goldene Zeitalter von Vegas zum Leuchten.

Mars Desert Research Station (MDRS) in Hanksville, UT: Im Herzen von Utahs Wüste befindet sich die Mars Desert Research Station – ein Testgelände für künftige Marsmissionen. Hier wird das Leben auf dem Roten Planeten simuliert. Die MDRS ist ein beeindruckendes Zeugnis menschlicher Entdeckungslust und Wissenschaft. Die Anlage selbst sieht aus wie aus einem Science-Fiction-Film und dient als Trainingslager für Astronauten, Wissenschaftler und Studenten, die die Herausforderungen eines Lebens auf dem roten Planeten erforschen möchten.

Öffentliche Ländereien (Public Lands) im Südwesten der USA: Die öffentlichen Ländereien in den USA, insbesondere im Südwesten, bieten weitläufige, unberührte Naturräume, die von der Allgemeinheit genutzt werden können. Ein Großteil dieser Ländereien wird vom Bureau of Land Management (BLM) und dem U.S. Forest Service verwaltet. Nicht alle dieser Ländereien sind dabei Naturschutzgebiete, einige haben kommerziellen Nutzen, wie z. B. den nachhaltigen Holzanbau.

Newspaper Rock: Der Newspaper Rock im Südosten Utahs ist weit mehr als nur eine Felswand; er ist eine lebendige Geschichtsbibliothek, eingraviert in Stein. Auf diesem monumentalen Felsmassiv finden sich hunderte von

Petroglyphen – kunstvolle Felszeichnungen, die eine Zeitspanne von über 2000 Jahren umfassen. Von den prähistorischen Anasazi bis zu den Navajo-Kulturen der jüngeren Vergangenheit hat jede Generation ihre Spuren hinterlassen, was diesen Ort zu einem einzigartigen historischen Dokument macht.

Four Corners: Dieser Ort ist der einzige Punkt in den Vereinigten Staaten, an dem man gleichzeitig in vier verschiedenen Staaten stehen kann. Dieses einzigartige Erlebnis zieht jährlich Tausende von Besuchern an, die sich auf diesem symbolträchtigen Punkt fotografieren lassen und die Besonderheit dieses Ortes genießen. Umgeben von der beeindruckenden Landschaft des Südwestens, bietet das Monument nicht nur eine geografische Besonderheit, sondern auch Einblicke in die reiche indigene Geschichte und Kultur der Region.

Ghost Towns: Im Südwesten der USA sind Geisterstädte stumme Zeugen einer vergangenen Ära, geprägt vom Goldrausch und Minenboom bis zum späteren Niedergang. Mit über 100 in Utah, 200 in Arizona und über 600 in Nevada, erzählen diese verlassenen Orte, einst blühende Gemeinden, ihre einzigartigen Geschichten. Sie spiegeln menschlichen Ehrgeiz, Hoffnung und die oft unvermeidliche Enttäuschung wider, die mit der Suche nach Glück und Reichtum im 19. und frühen 20. Jahrhundert verbunden war.

KANADA
WA
MT
ND
MN
Ottawa
OR
ID
SD
WI
MI
ME
WY
USA
NY
NE
IA
CT
Washington, D.C.
UT
NV
CO
KS
MO
KY
WV
OK
AR
CA
AZ
NM
SC
AL
TX
LA
FL
MEXIKO
Mexiko-Stadt

Boise
Idaho Falls
Pocatello
Twin Falls
OREGON
IDAHO
WYOMING
Logan
Rock Springs
Winnemucca
Elko
Salt Lake City
Tooele
Provo
Vernal
UTAH
Carson City
Ely
Grand Junction
Moab
NEVADA
USA
Cedar City
St. George
Mesquite
Page
Fresno
Pahrump
Las Vegas
Visalia
Delano
KALIFORNIEN
Gallup
Bakersfield
Bullhead City
Flagstaff
Lancaster
Barstow
Oxnard
Show Low
ARIZONA
Los Angeles
Indio
Long Beach
Phoenix
Oceanside
Casa Grande
Mexicali
Tucson
Tijuana
Ensenada
Sierra Vista
Rocky Point
MEXIKO
Heroica Caborca
0
300 km

Arizona: Der Norden und der Süden

Watson Lake

Arizona: Der Norden und der Süden

1. Coal Mine Canyon: Aus Sandstein geschaffenes Juwel
2. Watson Lake: Blaue Oase in Arizona
3. Mogollon Rim: Verwunschene Landschaft aus Wald und Seen
4. Apache Trail: Kakteen und Seen
5. Dobbins Lookout: Beeindruckender Blick auf ein funkelndes Lichtermeer
6. Catalina State Park: Unterschätztes Juwel am Fuße der Santa Catalina Mountains
7. Gates Pass Road: Auf Serpentinen durch die Kakteenlandschaft

Grand Canyon National Park
Tuba City / Tó Naneesdizí
1
Chinle / Ch'ínílį
Coal Mine Canyon
89
Ganado / Lók'aahnteel
ARIZONA
Williams
Flagstaff
40
Winslow
Coconino National Forest
Joseph City
Holbrook
Chino Valley
2
Prescott Valley
Watson Lake Park
Prescott
3
Snowflake
Mogollon Rim
Show Low
Payson
17
87
Wickenburg
Whiteriver / Ch'ilwózh
4
5
10
Globe
Phoenix
San Carlos / Sengaah
60
Maricopa
San Tan Valley
Gila Bend
Casa Grande
Safford
8
Eloy
6
10
Marana
7
Ajo
Tucson
Willcox
Sahuarita
Benson
0
100 km

1. COAL MINE CANYON: AUS SANDSTEIN GESCHAFFENES JUWEL

Kontrastreich rot-weiß gestreifte und dramatisch gezackte Klippen – der Coal Mine Canyon ist ein nahezu unbekanntes Juwel in sehr ursprünglicher Umgebung. Nicht viele dermaßen spektakuläre Naturhighlights lassen sich dazu so bequem mit dem Auto erreichen wie dieser farbenfrohe Canyon am Rande der sogenannten Painted Desert.

Als Painted Desert wird der Landstrich bezeichnet, der sich grob gesagt vom östlichen Ausläufer des Grand Canyon bei Cameron bis in die Region des Petrified Forest National Park erstreckt. Seinen Namen verdankt dieser Landstrich der Vielzahl an Farben, in denen der dort dominante Sandstein erstrahlt. Von zarten Lavendeltönen über orange, rot und gelb bis hin zu Grautönen leuchten die Felsen des knapp 400 Quadratkilometer großen hügeligen Gebietes.

Der tief in der Wüste Nordarizonas abgeschieden gelegene Coal Mine Canyon befindet sich rund 25 Kilometer südöstlich von Tuba City. Ein Besuch dieses aus erodiertem Sandstein geschaffenen kleinen Juwels mit seinen interessanten Texturen, Formen und Farben bietet Reisenden faszinierende Aussichten und interessante Panoramen. Eine Erkundungstour kann hier leicht ein bis zwei Stunden in Anspruch nehmen.

Von der Arizona State Route 264 führt eine nur knapp einen Kilometer lange Schotterpiste an den Rand des überraschend farbenfrohen Canyons. Wie aus dem Nichts öffnen sich die kargen und optisch eher trist wirkenden Badlands und geben den Blick auf die gezackten, weiß-roten Felszinnen frei. Vom Parkplatz aus lässt sich der Rim vor allem in östlicher Richtung fußläufig bequem erkunden. Ein anderes, aber nicht weniger beeindruckendes, Panorama bietet sich über eine Zufahrt nur wenige Kilometer weiter auf der AZ-264. Auch hier trennen nur wenige hundert Meter Schotterpiste die Straße von dem Canyon, der seinen Namen aufgrund der nur kurzzeitigen Bedeutung für den

Kontrastreicher Coal Mine Canyon

Atemberaubendes Panorama

Kohleabbau durch die dort ansässigen Mormonen im 19. Jahrhundert trägt.

Der Coal Mine Canyon liegt an der Grenze der Verwaltungsbereiche der Navajo- und Hopi-Stämme. Auch wenn die Grenzziehung zwischen den indigenen Völkern in Teilen strittig ist, so liegt der beschriebene Abschnitt des leicht zugänglichen südlichen Canyonrands im Navajo-Gebiet. Eine Erlaubnis (ein Back-Country-Permit) ist für einen Besuch eine zwingende Voraussetzung. Ein Abstieg in den Canyon ist jedoch nur mit dieser Erlaubnis nicht möglich, da das Innere der Felsschlucht wiederum dem Hopi-Verwaltungsbezirk zugerechnet wird. Anders als die Erlaubnis der Navajo-Verwaltung, die im circa 70 Kilometer entfernten Cameron im dortigen Besucherzentrum der Navajo erworben werden kann, ist das Betreten von Hopi-Ländereien nur mit zertifizierten Fremdenführern möglich.

INFO

Lage: In Nord-Arizona, Luftlinie ca. 100 Kilometer nördlich von Flagstaff. GPS: 36.01255, -111.04699

Websites:

- *navajonationparks.org/permits/backcountry-hiking-camping*
- *experiencehopi.com/tours*

Hinweis: Es gibt immer wieder Berichte über spannungsgeladene Zusammentreffen von Besuchern und dort lebenden Einheimischen, da die Grenzen zwischen Privatgrundstücken und dem mit Permit zugänglichen Ländereien nicht klar gekennzeichnet sind. Respekt und Zurückhaltung im Auftreten empfehlen sich hier aufgrund der besonderen Bedeutung der Stätte für die ansässigen indigenen Völker.

2. Watson Lake: Blaue Oase in Arizona

Das tiefe Blau des Himmels spiegelt sich in den sanft funkelnden Fluten des Watson Lake. Orangegraue Felsen, die sogenannten Granite Dells, rahmen den See ein und geben seiner Küstenlinie eine einzigartige Struktur. Der Watson Lake ist eine tiefblaue Oase und verzaubert Besucher mit seinem pittoresken, still ruhenden Anblick – nur schwer lässt sich der Blick von diesem Szenario abwenden.

Abendstille am Watson Lake

Bei der Anreise aus den flachen, trockenen Wüstenregionen im Süden Arizonas wirkt das beschauliche Städtchen Prescott wie eine gänzlich andere Welt. Die Landschaft ist bewaldet und hügelig. Unaufdringlich, fast schon unspektakulär, versprüht die Stadt den Charme einer etwas abgelegenen amerikanischen Kleinstadt. Es finden sich im Ort einige Geschäfte und Restaurants, sogar eine kleine Mall. Aber hinter der bestenfalls durchschnittlich spannend wirkenden Fassade wartet auf Besucher ein wirklich beeindruckendes Juwel.

Ausblick von den Granit Dells

Der Watson Lake Park, ein offizieller Park der Kommune, liegt zwischen Prescott und Prescott Valley an der Arizona State Route 89. Zwar gibt es im Park viele Möglichkeiten der Freizeitbetätigung, beispielsweise Kanu fahren, Frisbee-Golf oder Hufeisen werfen. Auch Grill- und Picknickplätze sind vorhanden und locken die Bewohner des Städtchens besonders in Frühlings- und Sommermonaten aus ihren Häusern in den Park. Das wahre Highlight für Naturfreunde hingegen ist der See an sich: Besonders zum Sonnenuntergang verfärben sich das Wasser und auch die Granitfelsen und führen ein wunderschönes Farbschauspiel auf, das Besucher des gut 28 Hektar großen Areals auf Anhieb verzaubert.

Die untergehende Sonne, der blaue Himmel, die Dells und dazu der ruhige See lassen die Szenerie in atemberaubender Schönheit erstrahlen. Am besten lässt sich dieses Spektakel von einem etwas abgelegenen Plätzchen am nördlichen Teil des Sees betrachten. Hier ist die Küstenlinie besonders schroff und verwegen. Vom Parkbereich in der Nähe der nördlichen Bootsverladestation führen die kurzen Explorer Trails nach Südosten auf die wüst und unberührt wirkenden Granitfelsen. Besucher können nach Belieben auf den Felsen herumklettern und sich den geeigneten Platz zum Verweilen suchen – oder einfach bei einem leichten Spaziergang die schöne Natur genießen.

Der vom südlichen Bootsverladeplatz sichtbare Teil des Sees wirkt, im Vergleich zu der zerklüfteten Kombination aus Granitfelsen und Wasser im Norden, indes eher unscheinbar. Zwar ist hier der Bootsverleih angesiedelt und es gibt einige Picknick-Möglichkeiten, doch der Anblick des Sees ist durch die eher strandartige Böschung nicht mehr so speziell.

Mit einer Wasserfläche von gut 1,6 Quadratkilometern besitzt die Region um Prescott noch ein zweites Reservoir, das nur wenige Minuten vom Watson Lake entfernt liegt. Das Willow Creek Reservoir, oder auch einfach nur Willow Lake genannt, ist zwar nicht so spektakulär wie der Watson Lake, bietet aber durch eine etwas andere Vegetation ein wenig Abwechslung. Die Freizeitmöglichkeiten sind in beiden Parks ähnlich.

INFO

Lage: In Nord-Arizona, ca. 120 Kilometer nördlich von Phoenix und 90 Kilometer südwestlich von Flagstaff.
GPS: Watson Lake Park 34.592388, -112.424028, Adresse: 3101 Watson Lake Road, Prescott, AZ.

Websites:

- *experienceprescott.com/listing/willow-lake-park/183/*
- *prescott.com/watson-lake*

3. Mogollon Rim: Verwunschene Landschaft aus Wald und Seen

Stille Seen umgeben von weiten Nadelwäldern in fast schon alpin anmutender Natur – der nur spärlich besiedelte Mogollon Rim ist nicht nur für Angler ein inspirierendes Juwel. Der Gebirgszug verspricht Ruhe, Entspannung und Wildnis pur.

Grand Canyon, Monument Valley und scheinbar unendlich viele Kakteen kennzeichnen Arizona. Und so besteht das Bild dieses Bundesstaates für die meisten USA-Reisenden aus endlosen Wüstenabschnitten, spektakulären Canyons und markanten Sandsteinformationen. Nicht viele Besucher geben der „anderen Seite Arizonas" eine Chance, ebenfalls ihren Reiz unter Beweis zu stellen – eine wilde Schönheit, die vor allem expeditionsbegeisterte Naturfreunde reich belohnt.

Aussicht auf die tiefen Wälder Arizonas

Der Mogollon Rim ist ein circa 350 Kilometer langer Gebirgszug, der sich von Flagstaff aus südöstlich bis an die Grenze zu Colorado erstreckt. Geologisch ist er durch die Hebung des Colorado-Plateaus entstanden, die auch die Rocky Mountains und den Grand Canyon entstehen ließ. Und während bei Flagstaff nur ein geringer Höhenunterschied den Mogollon Rim von der südwestlich anschließenden Basin and Range Region trennt, steigt dieser im Verlaufe des Gebirgszuges auf rund 600 Meter an.

Besonders empfehlenswert ist der Abschnitt zwischen den State Highways AZ-260 und AZ-87 nördlich von Payson, der mit knapp 15.000 Einwohnern mit Abstand größten Siedlung der Rim Region. Die Rim Road (Forest Service Road 300) führt größtenteils direkt an der Abbruchkante des Rim entlang und verbindet dabei nicht nur die beiden State Highways miteinander. Vielmehr bietet die gut instand gehaltene Schotterpiste Zugang zu einem ausge-

Idylle am Woods Canyon Lake

dehnten Netz an Dirt Roads, die zahlreiche Camping-Stellplätze und Seen miteinander verbinden.

Ein guter Ausgangspunkt für eine kleine Erkundungstour ist der Rim Lakes Vista Overlook. Dieser befindet sich wenige Autominuten westlich des nur saisonal geöffneten Mogollon Rim Visitor Center. Nur einige Meter vom Parkplatz entfernt, lässt ein ungehinderter Blick vom Steilhang die gigantischen Dimensionen der umliegenden Waldgebiete erahnen.

Die größten zwei Seen der Region sind der Willow Springs Lake und der Woods Canyon Lake. Diese liegen auch für Pkw gut zu erreichen nur wenige Minuten vom Aussichtspunkt entfernt. Vom Rocky Point Trailhead am Woods Canyon Lake führt ein malerischer, aber steiniger Trail entlang der Südwestseite des Sees in Richtung des East Fork Woods Canyon. Nach der markanten Gabelung des Sees verlaufen sich allmählich zwei flussähnliche Arme in alten Überflutungsgebieten und zeigen den interessanten Übergang von Wasser zu Land.

Wem die Atmosphäre am Woods Caynon Lake aufgrund vieler Hobbyangler jedoch zu geschäftig ist, dem bieten die vielen weiteren kleinen Seen eine gute Alternative. Je nach Wetter, Lust und Laune lohnt beispielsweise eine Fahrt über die insgesamt 21 Kilometer Schotterpiste zum Bear Canyon Lake oder gar 36 Kilometer zum Knoll Lake. Tagestouristen sind hier nur noch äußerst selten anzutreffen.

Bei einer Fahrt über die Rim Road stechen viele verkohlte Baumstümpfe ins Auge. Die Region wird regelmäßig von schweren Waldbränden heimgesucht, und Feuerwehrleute sind rund um das Jahr mit Brandschutz oder Löscharbeiten beschäftigt. Häufig werden gezielt kleine Feuer gelegt, um trockenes Unterholz abzubrennen und im Fall der Fälle so eine schnelle Ausbreitung der Flammen zu verhindern. Auf Tafeln sind Informationen zu den aktuellen Verhältnissen angeschlagen. Vor einer Fahrt oder Wanderung tief ins Innere des Waldgebietes ist ein Blick auf diese Informationen unerlässlich.

INFO

Lage: 140 Kilometer nordöstlich von Phoenix und 120 Kilometer südöstlich von Flagstaff. GPS: Visitor Center 34.301695, -110.896275, Aussichtspunkt 34.310974, -110.940588, Woods Canyon Lake 34.333967, -110.944618, Wilow Springs Lake 34.306469, -110.885126.

Website:

- *fs.usda.gov/recarea/asnf/recarea/?recid=44965*

4. Apache Trail: Kakteen und Seen

Unterwegs auf den Spuren von Postkutschen und Indianern: Die historisch bedeutsame Straße östlich von Phoenix begeistert Reisende nicht nur mit einer tollen Streckenführung durch atemberaubende Natur. So abwechslungsreich wie hier zeigt sich der Süden Arizonas sonst nur selten. Blaue Seen, grüne Vegetation und rote Felsen laden zum Erkunden und Verweilen ein.

Phoenix liegt im südlichen Teil des Bundesstaates Arizona und ist mit ca. 1,6 Millionen Einwohnern (circa 4,9 Millionen in der gesamten Metropolregion) das mit Abstand größte urbane Ballungsgebiet der südwestlichen USA. Zum Vergleich: Die gesamte Metropolregion von Las Vegas hat lediglich rund zwei Millionen Einwohner.

Die Fahrt auf dem Apache Trail, die zum Ausbruch aus dem städtischen Treiben bestens geeignet ist, beginnt nur circa 40 Fahrt-

Serpentinen des Apache Trail

Unerwarteter Fund

minuten östlich des sehr zentral gelegenen Flughafens von Phoenix in Apache Junction. Hier liegt auch der Lost Dutchman State Park. Zwar ist dieser nur 130 Hektar große State Park einer der besser besuchten in Arizona. Dennoch wird er von europäischen Reisenden oft übersehen und stand im Jahr 2010 sogar kurz vor seiner Schließung. Im Vergleich hierzu verzeichnet der Grand Canyon National Park in etwa das 30-fache Besucheraufkommen pro Jahr. Der Park offeriert eine schöne, geschützte Landschaft mit guten Zugangsmöglichkeiten in die angrenzenden Superstition Mountains und den Tonto National Forest.

Durch diesen führt auch der Apache Trail (Arizona State Route 88) über eine Strecke von 65 Kilometern von den Eingangstoren des Lost Dutchman State Park bis zum Theodore Roosevelt Lake. Ab Tortilla Flat wird die Straße zu einer klassischen Schotterpiste. Die kleine Gemeinde markiert nicht nur den Anfang des wilderen Teils der Strecke, sie ist zudem auch der letzte erhaltene Postkutschen-Stopp des Trails. Mit einer offiziellen Einwohnerzahl von sechs Personen ist Tortilla Flat aus Traditionsgründen auch die kleinste Gemeinde Arizonas mit einem eigenen Postamt. Im ortseigenen Superstition Saloon kann noch eine kleine Stärkung vor dem Rest der Strecke eingenommen werden. Das urige Restaurant ist gespickt mit Dollarscheinen, die Reisende über die Jahrzehnte an die Wände geklebt haben. Um das richtige Wildwestfeeling aufkommen zu lassen, können an der Bar auf Sätteln anstelle von Hockern herrlich kühle Getränke genossen werden.

Aufgrund der engen und sehr kurvenreichen Straßenführung mit teilweise erheblichen Steigungen wird die Strecke östlich von Tortilla Flat nicht für Wohnmobile oder Camping-Gespanne empfohlen. Hinzu kommen mehrere nur einspurig befahrbare Brücken, die bezüglich maximaler Traglast und Durchfahrtshöhe gewisse Beschränkungen aufweisen.

Der tiefblaue Apache Lake

Der tiefblaue Apache Lake

Durch die Stauung des Salt River sind zwei kleine, aber miteinander verbundene Seen entstanden – der Canyon Lake und der Apache Lake dienen mit dem grundsätzlich etwas verbreiterten Fluss vielen Bewohnern der Metropolregion von Phoenix als Naherholungsgebiet zum Baden, Angeln, Boot- und Wasserskifahren. Allen anderen Besuchern bietet sich eine Welt aus türkisblauem Wasser, großen sattgrünen Kakteen und rostbraunen schroffen Bergen. Ein wahres Fest für Naturliebhaber ist sicher besonders der Kontrast zwischen Wasser und Wüste – alles andere als typisch für den Süden Arizonas.

Das Ende des Apache Trails markiert der Theodore Roosevelt Dam mit dem dahinter liegenden gleichnamigen See. Auch dieses Reservoir wurde durch die Stauung des Salt River erzeugt und wirkt nach den letzten 60 Kilometern auf engen Wegen und nah an den Felsen regelrecht gigantisch groß. Der Staudamm wurde im Jahr 1911 durch den damals amtierende US-Präsidenten eingeweiht, der ihn kurzerhand sich selbst widmete. Eine fast 200 Kilometer lange Küstenlinie umfasst den sukzessive entstandenen See mit beeindruckenden Ausmaßen von knapp 35 Kilometern Länge, drei Kilometern Breite und maximal hundert Metern Tiefe.

INFO

Lage: Östlich von Phoenix im Süden Arizonas. GPS: Lost Dutchman State Park 33.463732, -111.481450, Tortilla Flat 33.526383, -111.390146.

Websites:

- *azstateparks.com/lost-dutchman*, aktuelle Straßensperrung: *azdot.gov/projects/southeast-district-projects/state-route-88-apache-trail*
- Tonto National Forest: *fs.usda.gov/main/tonto/home*

Hinweis: Nach einem Erdrutsch im Jahr 2019 ist die Strecke nicht mehr durchgänfig befahrbar. Ein ca. 9 km langer Abschnitt zwischen dem Fish Creek Hill Overlook und dem Meilenmarker 227 bleibt bis zur vollständigen Instandsetzung gesperrt. Die Zufahrt bis zur Sperrung ist aber von Norden und vom Süden möglich.

5. Dobbins Lookout: Beeindruckender Blick auf ein funkelndes Lichtermeer

Nach und nach wird das feurige Orange des Himmels zu einem violetten Blau. Wann immer die Natur ihr Sonnenlicht ausschaltet, erwacht das künstliche Lichtermeer der elftgrößten Stadt der USA zum Leben und lässt die Betrachter dieses Schauspiels sprachlos zurück. Der Dobbins Lookout bietet eine beeindruckende Sicht auf die sich fast 70 Kilometer nach Norden erstreckende Metropolregion von Phoenix.

Beeindruckendes Panorama über die Hauptstadt Arizonas

In wohl keiner anderen Großstadt der USA ist das Leben mit und in der Wüste so tief im Selbstverständnis der Bürger verwurzelt wie in Phoenix. Und so ist auch der größte Park der Stadt nicht etwa eine gepflegte Grünanlage, sondern ein ursprüngliches Stück der faszinierenden Sonoran Desert. Der South Mountain Park umfasst unglaubliche 65 Quadratkilometer und ist somit einer der nach Fläche größten Stadtparks weltweit (zum Vergleich: Der wohl bekannteste Stadtpark, der Central Park in New York, umfasst gerade einmal 3,5 Quadratkilometer). Mit einer Höhe von etwa 800 Metern gehören auch die Gipfel des Parks zu den höchsten der Stadt.

Eingerahmtes Lichtermeer

Der auf knapp 700 Metern gelegene Dobbins Lookout lässt sich jedoch bequem mit dem eigenen Auto erreichen. Die Summit Road führt vom Fuße des Berges bis direkt vor eine markant aus der Umgebung hervorstechende steinerne Hütte. Der Dobbins Lookout ist so der höchste, einfach zu erreichende Aussichtspunkt der gesamten Metropolregion. Wie fast die gesamte Infrastruktur des Parks wurde auch die Steinhütte zur Zeit der Großen Depression in den 1930er-Jahren durch das Civilian Conservation Corps erschaffen. Beim Blick aus der Hütte, besonders zum Sonnenuntergang und in der Nacht, rahmen die rustikalen Steine die überwältigende Lichtershow am Himmel über der Stadt ein. Der eigentliche Aussichtspunkt ist jedoch nicht der kleine Unterstand, sondern ein wenige Meter entfernter kleiner Turm, auf dem eine Kupferscheibe auf die Wahrzeichen der Stadt hinweist.

Schattenspender seit den 1930er-Jahren

Durch die gute Verkehrsanbindung des Aussichtspunktes, und da sich an wirklich keinem anderen Punkt der Stadt ein so packender Blick auf das funkelnde Lichtermeer werfen lässt, ist der Dobbins Lookout bei Einheimischen besonders an Wochenenden beliebt. Zur Einstimmung auf eine gelungene Partynacht treffen sich hier viele junge Erwachsene, aber auch Familien, und genießen den Ausblick, bevor es zurück in die Stadt geht. Für ein möglichst ungestörtes Erlebnis empfiehlt es sich also, den Bereich etwas zu erkunden und ein eigenes passendes Plätzchen zwischen den Kakteen und Büschen zu finden. Wirklich allein sind Besucher hier allerdings selten.

Der Park verzeichnet eine der dichtesten Populationen an Chuckwallas im Südwesten der USA. Diese für Menschen ungefährlichen Echsen aus der Familie der Leguane können eine beeindruckende Körperlänge von bis zu 50 Zentimetern erreichen und haben sicherlich schon dem einen oder anderen Besucher einen gehörigen Schrecken eingejagt.

Für Besucher, die diesen tollen Ausblick lieber mit einem Workout verbinden möchten, hält der South Mountain Park insgesamt circa 80 Kilometer Wanderwege bereit. Nahe dem Besucherzentrum startet der Holbert Trail, der sich über eine Länge von circa vier Kilometern den South Mountain bis zum Dobbins Lookout hinauf schlängelt. Im Verlauf des Trails können einige Felsmalereien der Ureinwohner Arizonas bestaunt werden. Die über 300 Höhenmeter, die es hierbei zu überwinden gilt, sind aber in dem sehr warmen und trockenen Wüstenklima durchaus eine ernst zu nehmende Anstrengung. Ebenso können vom Besucherzentrum Radtouren und Ausritte gestartet werden, um den Gipfel des Berges zu erklimmen.

INFO

Lage: Im South Mountain Park, 0919 S Central Avenue, Phoenix, AZ. GPS: 33.344886, -112.058953.

Website:

- *visitphoenix.com/sonoran-desert/parks/south-mountain-park-and-preserve/*

6. CATALINA STATE PARK: UNTERSCHÄTZTES JUWEL AM FUSSE DER SANTA CATALINA MOUNTAINS

Nicht viele europäische Reisende verirren sich in diesen beeindruckenden State Park vor den Toren Tucsons. Mehr als 5000 Saguaro-Kakteen durchziehen das nur knapp 22 Quadratkilometer große Areal, das abwechslungsreiche Freizeitaktivitäten unter freiem Himmel bereithält. Für alle Besucher, die die wunderschöne Wüstenlandschaft Süd-Arizonas außerhalb des Saguaro National Park erleben wollen, ist ein Besuch hier ein absoluter Geheimtipp.

Der Catalina State Park liegt am Fuße der Santa Catalina Mountains, einer Bergkette nordöstlich von Tucson. Durch die ansonsten relativ flache Landschaft heben sich die Catalinas (wie die Bergkette kurz genannt wird) mit ihrer höchsten Erhebung, Mount Lemmon (2791 Meter), gut sichtbar vom restlichen Landschaftsbild ab. Bis zu fünf Meter Neuschnee im Jahr sorgen zudem dafür, dass zumindest die durchschnittlich circa 1000 Meter hohen Berge einen wirklich interessanten Kontrast zu dem ansonsten sehr heißen und trockenen Ambiente Tucsons stiften. Als Teil des Coronado National Forest stehen die Catalinas unter Naturschutz.

Stachelige Giganten

Im Park erleben Besucher nicht nur eine entspannte Atmosphäre, denn der hektische Besucherandrang gilt meist dem nahe gelegenen Saguaro National Park. Die Möglichkeiten an verfügbaren Freizeitaktivitäten reichen von mountainbiken über wandern bis zu ornithologisch-interessanten Spaziergängen. Es sind jedoch nicht nur die über 170 Arten verschiedener Vögel, die im Catalina State Park eine große Rolle spielen. Die prominentesten tierischen Bewohner sind vor allem Hochwild, Luchse, Kojoten und Javelinas (Halsbandpekari), die kulinarisch großen Gefallen an den zahlreichen saftigen Kakteen finden. Aber auch andere Tiere stehen hier oftmals im Mittelpunkt. Denn der Park erfreut sich bei Reitern großer Beliebtheit. Um Ausritte auf den wilden Trails zu ermöglichen, wurden Einrichtungen geschaffen, um Pferde und Reiter aus der nahe gelegenen Stadt bestmöglich zu versorgen und die großen Pferdeanhänger komfortabel auf separaten Parkplätzen abzustellen.

Für genau diese langen Ausritte und für abenteuerreiche Backpacking-Touren ist das Trailsystem des Parks mit dem des unmittelbar angrenzenden Coronado National Forest verbunden. Die Trails des Parks haben eine Länge von zwei bis 16 Kilometern und faszinieren allesamt mit atemberaubenden Aussichten auf die Sonoran Desert und die Catalinas.

Auch kulturell ist die Region, die erst durch den Kauf von Mexiko 1853 amerikanisches Staatsgebiet wurde, bedeutsam. Es gibt Anzeichen, dass dieser Teil Süd-Arizonas, der lange Zeit unter mexikanischer beziehungsweise spanischer Kontrolle stand, die letzten 7000 Jahre durchgängig besiedelt war. Am bedeutsamsten war jedoch die Kultur der Hohokam, auf die auch die ältesten erhaltenen Bebauungen hier zurückgehen. Einige dieser kulturell wertvollen Bauwerke wurden jedoch im 19. Jahrhundert von Siedlern zerstört, die auf den gut gelegenen Berghängen Befestigungsanlagen gegen die Apachen errichteten.

INFO

Lage: Im äußersten Süden Arizonas, nur ca. 100 Kilometer nördlich der mexikanischen Grenze. GPS: 32.417649, -110.930669.

Websites:

- *azstateparks.com/catalina/*
- *visittucson.org*

7. GATES PASS ROAD: AUF SERPENTINEN DURCH DIE KAKTEENLANDSCHAFT

Die sanften Hügel und das dazwischen liegende Tal füllen sich langsam mit dem warmen Licht der untergehenden Sonne. Nach und nach lässt sie die imposanten Saguaro-Kakteen wie Schattenrisse wirken und hinterlässt eine einzigartige Atmosphäre sowie das Gefühl, vollends in der Wüste angekommen zu sein.

Beeindruckendes Meer an Saguaros am Gates Pass

Die Großstadt Tucson besticht durch eine unverwechselbare Kakteenlandschaft. Wie wohl keine andere Pflanze steht der Saguaro-Kaktus für unseren westlichen Stereotyp von Wüste. Und Saguaros gibt es wirklich viele in der 540.000 Einwohner-Stadt im äußersten Süden Arizonas. Nur circa hundert Kilometer von Mexikos Grenze entfernt, ist der Saguaro National Park das Hauptziel vieler Besucher. Wobei der Park in zwei Sektionen geteilt ist – 50 Kilometer Luftlinie trennen Saguaro East und West. Und wenngleich die Meinungen bei Touristen und Einheimischen

Beste Zeit für einen Besuch: Sonnenuntergang

stark abweichen, welcher nun der schönere der beiden Teile ist, herrscht zumindest deutliche Einigkeit in einem anderen Punkt: Den besten Sonnenuntergang der Stadt gibt es am Gates Pass.

Im Jahr 1883 war es der ortsansässige Pionier Thomas Gates leid, stets einen großen Umweg um die Tucson Mountains nehmen zu müssen. Er kaufte sich kurzerhand das benötigte Land und begann mit dem Bau einer Passstraße, die erst später in das öffentliche Straßennetz integriert wurde. Bis heute hat der Straßenabschnitt den Ruf, die gefährlichste Straße im Großraum Tucson zu sein. Besonders europäische Besucher mag das verwundern, da es eigentlich keinen wirklichen Grund hierfür gibt. Aber die Menschen in der durch schier unendliche Weite geprägten Wüste Süd-Arizonas waren an das Fahren in engen, kurvigen Passstraßen schlichtweg nicht gewöhnt. Die Straße läuft einen Bergkamm hinauf, und an einigen Passagen trennen nur wenige Meter den Asphalt von dem steilen Abhang.

Entlang der Straße reihen sich mehrere Aussichtspunkte aneinander, die entweder einen Blick gen Osten in Richtung Tucson oder gen Westen über den gut 83 Quadratkilometer großen Tucson Mountain Park ermöglichen.

Der wohl schönste Platz, um einen spektakulären Sonnenuntergang zu erleben, liegt erwartungsgemäß an der höchsten Stelle der Passquerung. Auf knapp 1000 Metern bietet eine kleine überdachte Aussichtsplattform Schutz vor dem gleißenden Sonnenlicht heißer Sommertage. Hier beginnt auch der Gates Pass Trail, ein circa drei Kilometer langer Wanderweg, der parallel zum Verlauf der Straße westwärts gen Tal führt. Allerdings existieren auch unzählige kleine Pfade, die Besucher einige hundert Meter von dem Parkplatz an etwas ruhigere Stellen abseits des Straßenverkehrs führen. Auch wenn dieser Aussichtspunkt bei Einheimischen sehr beliebt ist, ist es doch möglich, ein ruhiges Fleckchen zu finden. Zu Recht trägt der Gates Pass auch den Ruf als bester Ort der Stadt für romantische Verabredungen.

INFO

Lage: Im äußersten Süden Arizonas, nur ca. 100 Kilometer nördlich der mexikanischen Grenze. GPS: 32.223485, -111.101067.

Website:

- *visittucson.org/listing/tucson-mountain-park-and-gates-pass-scenic-overlook/23244/*

Arizona:
Verde Valley – Sedona

Blick auf den Cathedral Rock

Arizona: Verde Valley – Sedona

8. Robbers Roost: Höhle mit Geschichte
9. Doe Mountain: Weite Blicke und beeindruckendes Panorama
10. Birthing Cave: Spektakulär gerahmter Blick über das Red Rock Country
11. Amitabha Stupa and Peace Park: Zeit für Spiritualität
12. Sugarloaf Mountain: Highlight inmitten der Stadt
13. Secret Slickrock: Bester Ort für einen unvergesslichen Sonnenaufgang
14. Broken Arrow Trail: Rot-weiße Klippen, grüne Bäume und roter Sand
15. Banjo Bill Picnic Site: Zeit für eine willkommene Abkühlung
16. „Am Rand der Welt“: Coconino National Forest

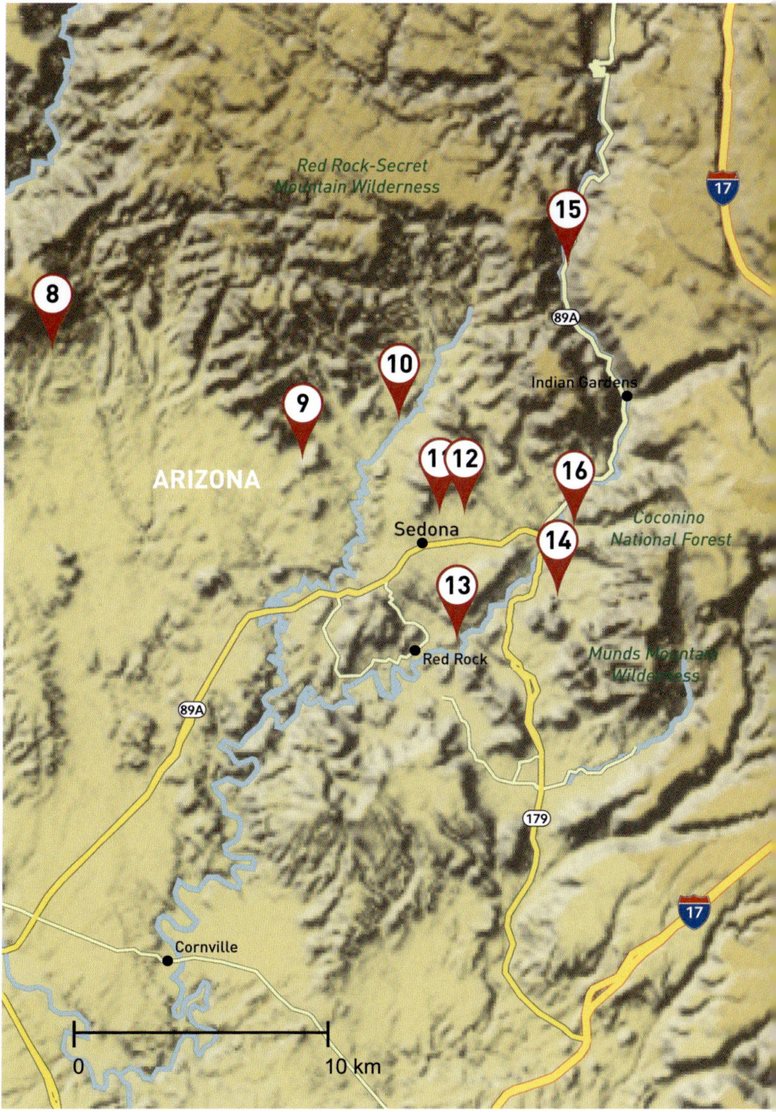
Red Rock-Secret Mountain Wilderness
17
15
8
89A
10
Indian Gardens
9
11
12
ARIZONA
16
Coconino National Forest
Sedona
14
13
Red Rock
Munds Mountain Wilderness
89A
179
17
Cornville
0
10 km

8. Robbers Roost: Höhle mit Geschichte

Unberührte Natur, dazu ein schillernder Kontrast aus rotem Sandstein und saftig grünen Sträuchern: Wie von einem großen Balkon lässt sich aus dieser Höhle ein 180-Grad-Ausblick auf das atemberaubende Panorama Sedonas werfen. Und auch wenn es in der Region viele Höhlen und Aussichtspunkte gibt, ist keine ähnlich abgeschieden und spektakulär, aber dennoch so gut und vergleichsweise einfach erreichbar wie die Robbers Roost.

Mehrere Mythen ranken sich um die Höhle, die unter Einheimischen als Robbers Roost, Hideout Cave oder Shaman's Cave bekannt ist. Hat sie vielleicht Schmugglern ein Versteck vor den Ordnungshütern im Wilden Westen geboten? Oder diente die Höhle in so exponierter Lage doch eher lokalen Schamanen als

Blick aus der Höhle

Geeigneter Unterschlupf

Stätte für Heilungszeremonien? Auch wenn die schlussendliche Geschichte eine Legende bleiben wird, steht fest, dass Räuber oder Schamanen einen wirklich spektakulären Platz für ihre Vorhaben ausgewählt haben.

Vom Parkplatz führt ein nur rund 700 Meter langer Weg an den linken Rand des markanten Hügels rechts der Straße. Entscheidend bei der Orientierung ist, diesen Hügel nicht zu erklimmen, sondern diesen auf halber Höhe über den glatten Sandstein bis an die gegenüberliegende Seite zu umrunden. Nach einer kleinen Engstelle, die etwas Balance erfordert, ist die gen Osten geöffnete Höhle rechter Hand leicht auszumachen. Mit circa zwölf Metern Breite und fünf Metern Höhe gleicht sie eher einem Alkoven. Durch die Tiefe von sechs Metern lässt sich gut vorstellen, dass hier der ein oder andere Übernachtungsgast schon sein Lager aufgeschlagen hat.

Die Höhle bietet einen eindrucksvollen Blick auf die unberührte Natur der Umgebung. Besonders außerhalb der trockenen Sommermonate wertet der Kontrast zwischen dem roten Sandstein und der saftig grünen Vegetation diesen Blick zusätzlich auf. Fast völlig geschützt vor Wind und Wetter und mit einer kleinen Feuerstelle versehen, wird die Höhle von Einheimischen gern als Grillplatz oder für Fotoshootings genutzt. Und natürlich bietet sie Wanderern eine ausgezeichnete Möglichkeit, Beine und Seele baumeln zu lassen, während der Blick und die Gedanken in die Ferne schweifen können.

Verglichen mit der leichten Wanderung ist die Anfahrt zum Parkplatz etwas aufwendiger – mit einem SUV aber gut zu bewältigen. Über die Forest Road 525 und 525c sind es knapp 18 Kilometer Schotterpiste, die zum Trailhead führen. Auf die letzten paar hundert Meter kann die Straße je nach vorheriger Wetterlage für SUVs unpassierbar werden. Die Dirt Road kennzeichnet sich hier vornehmlich durch eine Schotterpiste mit spitzen Steinen und vermehrten Felsabsätzen. Hier bleibt nur, das Auto an einer sicheren Stelle am Straßenrand abzustellen und die weitere Route entlang der Straße zu Fuß zurückzulegen.

Spannender Blick aus jeder Perspektive

INFO

Lage: 20 Kilometer nordwestlich von Sedona, AZ. GPS: Trailhead 34.930971, -111.972063, Höhle 34.930964, -111.967167.

Wanderung: leicht, ca. 1,5 Kilometer (Rundweg)

Website: *visitsedona.com*

Hinweis: Das Gebiet ist zur Jagd freigegeben und wird von den Amerikanern dafür auch intensiv genutzt. Besonders in der Dämmerung empfiehlt es sich daher, sich umsichtig durch das Gelände zu bewegen.

9. DOE MOUNTAIN: WEITE BLICKE UND BEEINDRUCKENDES PANORAMA

Egal, ob der Blick zur Rechten oder Linken wandert: Red Rocks soweit das Auge reicht. Ein unvergleichlich beeindruckender Anblick im 360-Grad-Panorama auf die wunderschön rot gefärbten Berge von Sedona bietet sich vom Gipfel des Doe Mountain.

Der Trailhead befindet sich nur circa 15 Kilometer von Sedonas Stadtzentrum entfernt. Es ist also ein Leichtes, dem geschäftigen Kleinstadttrubel zu entkommen und auf dem Hike, der besonders bei Einheimischen, nicht aber bei Touristen, bekannt ist, die Aussicht auf die roten Felsen zu genießen.

Vom Parkplatz aus führt ein kleiner ausgetrampelter Pfad direkt in Richtung des 1554 Meter hohen Berges. Von Beginn an geht es stetig steil und in Zickzacklinien den Doe Mountain bergauf. Der

Blick vom Doe Mountain in die Weite des Tals

vorhandene Wanderweg ist nicht besonders breit, bietet aber für eine Person ausreichend Platz. Ein Geländer am Wegesrand zur Absicherung gibt es jedoch nicht. Schwindelfreiheit ist vorausgesetzt! Je mehr Strecke zurückgelegt wird, desto mehr lässt sich erahnen, mit welch spektakulärem Panorama von der Bergspitze für die Anstrengung entschädigt wird. Um Luft zu holen und die brennenden Waden zu entspannen, lohnt sich immer mal wieder ein kleiner Zwischenstopp auf dem Weg nach oben. Nicht nur, um den bereits zurückgelegten Weg zu bestaunen, sondern um den Blick über das wunderschöne Verde Valley schweifen zu lassen.

Früh am Tag liegt diese Seite des Berges im Schatten. Vor allem in den heißen Sommermonaten empfiehlt sich daher, morgens zeitig aufzustehen und diesen Vorteil auszunutzen. Durch den Mix aus verschiedenen Kakteen und Pinien ist die Vegetation am Wegesrand sehr abwechslungsreich – und auch der Blick auf den Trail wird daher nie langweilig. Insgesamt sind zwar nur etwa 130 Meter an

Nach dem Aufstieg erscheint die Straße winzig.

Höhenunterschied zurückzulegen, diese jedoch mit einer markanten Steigung. Immer wieder müssen zudem kleine und größere in den Fels gehauene Stufen überwunden werden. Die einzig wirkliche kleine Klettereinlage ist erst kurz vor Erreichen des Gipfels notwendig und führt durch eine winzige Felsspalte. Aber selbst hierfür sind keine besonderen Kenntnisse oder Equipment erforderlich.

Etwa 1,2 Kilometer gilt es zurückzulegen, bis die grandiose Aussicht wartet. Oben angekommen heißt es dann erst einmal durchatmen und genießen. Der Blick fällt auf den Parkplatz und die wie Ameisen wirkenden Autos.

Oben auf dem Berg gibt es zahlreiche kleine Trampelpfade, aber keinen richtig erkennbaren Trail mehr. Jetzt können Besucher ganz nach Belieben das Terrain erkunden und das 360-Grad-Panorama vollends genießen. Die umliegenden Berge wie beispielsweise Bear, Maroon und Wilson Mountain sowie Chimney Rock und Secret Canyon sind von hier gut auszumachen. Auf dem Berg selbst gibt es zwar größere Büsche, aber keine Schatten spendenden Bäume. Achtung: Im Hochsommer ist es hier oben kaum erträglich! Der Abstieg führt über denselben Weg zurück.

INFO

Lage: 15 Kilometer vom Stadtzentrum von Sedona, AZ, entfernt, an der Boynton Pass Road. GPS: Trailhead 34.893, -111.865.

Wanderung: leicht-moderat, Länge ab zwei Kilometer (Rundweg)

Websites:

- *visitsedona.com*
- Forest Service: *fs.usda.gov/recarea/coconino/recarea/?recid=55296&actid=50*

Hinweis: Im Sommer ist die Wanderung nur am frühen Vormittag empfehlenswert. Für Wanderungen im Red Rock Country ist der Red Rock Pass des US Forest Service notwendig. Der Nationalpark-Jahrespass ist hier alternativ gültig.

10. BIRTHING CAVE: SPEKTAKULÄR GERAHMTER BLICK ÜBER DAS RED ROCK COUNTRY

Atemberaubend kontrastreich heben sich die saftig grünen Bäume von den charakteristisch roten Sandsteinfelsen Sedonas ab. Den Rahmen für dieses nahezu perfekte Landschaftsbild stiften die fein gemusterten, glatten Felswände einer Höhle, die spektakulärer kaum sein könnte.

Sedona ist ein Touristenmagnet – und doch bietet der Ort mit seinem gut erschlossenen Trailsystem zahlreich Möglichkeiten, dem Trubel zu entfliehen. Inmitten des Coconino National Forest, dessen Gebiet sich in vier Bereiche aufteilt und insgesamt etwa 7500 Quadratkilometer umfasst, erleben Besucher die Natur im Red Rock Country fast komplett unberührt und können auf den staubigen Wanderwegen Entspannung ebenso wie sportlichen Ausgleich finden.

Um zur Birthing Cave zu gelangen, dient der Trail des Long Canyon Trail als Weg zum Ziel. Dieser ist von Sedona aus über die Long Canyon Road zu erreichen. Ein kleiner Parkplatz neben der Straße und der ausgeschilderte Trail erleichtern Besuchern die Orientierung.

Die Wanderung führt zunächst auf einer nicht mehr genutzten ausgefahrenen Jeep-Route einen Kilometer auf den Berghang des Mescal Mountain zu. Bereits nach ein paar Metern ist die nahe liegende Straße vergessen, und das umliegende Bergpanorama raubt vor Schönheit fast den Atem. Mit dem höchsten Felsen Sedonas, dem circa 1700 Meter hohen Capitol Butte, im Rücken beginnt das Abenteuer. Zu Beginn kreuzt noch ein anderer Wanderweg die eingeschlagene Route. Dieser führt zum Mescal Trail. Wer mag, kann auf dieser Route über den 5,8 Kilometer langen Wanderweg den 1500 Meter Mescal Mountain erklimmen und von dort fast ein 360-Grad Panorama der Extraklasse genießen.

Doch für das eigentliche Ziel weist circa einen Kilometer nach Aufbruch ein Schild auf den Wegverlauf für den Long Canyon Trail

Spannender Blick aus jeder Perspektive

nach rechts hin. Zur Birthing Cave gilt es hier, den Weg nach links auf einen kleinen Pfad einzuschlagen. Wunderschöne Kakteen- und Agavenfelder sowie abwechslungsreiche Wildblumen säumen nun die Strecke und sind eine wohltuende Abwechslung für das Auge. Der Untergrund des Weges wechselt ab jetzt zwischen rotem Sand und kleineren Steinen. Je näher die Felswand kommt, desto besser ist die oval geformte Höhle bereits auszumachen. Von dem Pfad führt nach rechts ein unscheinbarer Weg direkt auf den Berg zu. Ab hier geht der Trail stetig bergauf und schließlich über einige geformte Steinstufen in die Höhle hinauf.

An der Birthing Cave bietet ein kleines Plateau die Möglichkeit, zu Atem zu kommen und die Höhle wie auch das Panorama ausgiebig in Augenschein zu nehmen. Der Blick schweift von hier aus über die umliegenden Berge Steamboat Rock, Wilson Mountain und Maroon Mountain. Es ist schlichtweg atemberaubend.

Blick in die Ferne

Wie an vielen Plätzen in Sedona ranken sich die Gerüchte, wozu der Ort eigentlich genutzt wird. Die Bandbreite reicht von Yoga über spirituell-reinigende Sitzungen mit Schamanen oder Hopi-Indianern.

INFO

Lage: Im Coconino National Forest, zehn Kilometer nördlich vom Stadtzentrum von Sedona, AZ. GPS: Trailhead 34.906685, -111.824137, Abzweigung zur Höhle 34.912511, -111.830784, Höhle 34.913070, -111.836182.

Wanderung: leicht, Länge ca. drei Kilometer (Rundweg)

Website: *visitsedona.com*

Hinweis: Für Wanderungen im Red Rock Country um Sedona ist der Red Rock Pass des US Forest Service nötig. Der Nationalpark-Jahrespass ist hier alternativ gültig.

11. Amitabha Stupa and Peace Park: Zeit für Spiritualität

Der Wind durchstreift die trockenen Piniensträucher und kitzelt dabei aus den kleinen Windspielen hier und da sanfte Töne heraus. Bunte, kleine Gebetsfahnen wehen sanft zwischen den Bäumen und tragen Botschaften von Liebe, Hoffnung und Mut in die umliegenden Hügel der traumhaften Landschaft Arizonas.

Perfekter Platz zum Verweilen

Sedona besticht durch abwechslungsreiche Wanderungen – umgeben von den bekannten Red Rocks, saftig grünen Bäumen und dem rauschenden Oak Creek, der die Stadt pulsierend durchfließt. Das Örtchen hat sein ganz eigenes Flair – auch in spiritueller Hinsicht. Wer den Bewohnern Sedonas Glauben schenken mag, der erfährt, dass es hier eine gehäufte Ansammlung an Plätzen mit erhöhter Energie gibt.

Als ein sogenannter Vortex wird ein Ort bezeichnet, an dem sich die Energie spürbar erhöht und somit förderlich für Heilung, Meditation oder persönliche Entwicklung sein kann. Es ist also kein ungewöhnliches Bild, an diesen Plätzen Menschen zu entdecken, die meditieren oder beten. Häufig sind diese Orte rein optisch durch Steinkreise zu erkennen. Die beliebtesten Vortexe Sedonas sind an folgenden Plätzen zu finden: Airport Mesa, Cathedral Rock, Bell Rock und Boynton Canyon. Und auch am Secret Slickrock (siehe Tipp 13) ist ein Vortex zu entdecken.

Ein Ort zum Träumen

Einer der weiteren besonders spirituellen Orte finden Besucher fast zentral inmitten der 10.000-Einwohner-Stadt. Ein Besuch ist für religiöse und nichtreligiöse Menschen gleichermaßen ein absolut unvergessliches Erlebnis: Eingefasst in die malerische Kulisse aus roten Felsen und grünen Pinien ist der gut zehn Meter hohe Stupa ein geeigneter Platz, ruhige Momente zu verbringen,

Viel Liebe zum Detail

die Aussicht zu genießen oder zu meditieren und zu beten. Die bunten kleinen Fähnchen lassen schnell vermuten, dass es sich eigentlich um ein buddhistisches Bauwerk handelt. Stupas gibt es seit rund 2600 Jahren. Sie zählen somit zu den ältesten bekannten sakralen Bauwerken. Ein Stupa steht sinnbildlich für Buddha und seine Lehre. Nach der Tradition des Buddhismus findet sich sogar ein klassischer Opfertisch wieder. Im ansonsten doch eher wenig buddhistisch geprägten Arizona ist der Stupa aber viel mehr als

Der Sonnenaufgang ist ein ganz besonderes Erlebnis.

ein streng buddhistisches Bauwerk. Es ist ein Ort, an dem Menschen meditieren können, aber auch Trost und Erkenntnis suchen. Es ist zudem ein Symbol für Frieden und Verständigung. Daher steht ein Besuch auch wirklich jedem offen.

Es lohnt sich, nicht nur den eigentlichen Stupa anzusehen, sondern den umliegenden Peace Park zu erkunden, der am Fuße der Felsformationen Thunder Mountain und Chimney Rock liegt. Neben den zahlreichen kleinen Pfaden spannen sich zwischen den Kiefern und Pinien weitere Fahnenbänder mit detailverliebten Opfergaben und packenden Geschichten der Besucher. Hier finden sich persönliche Erinnerungsstücke und Botschaften von Menschen aus aller Welt.

Ein Besuch zu Sonnenaufgang ist besonders empfehlenswert, um den Ort in fast vollständiger Ruhe und im besonderen Licht zu erleben. Die Anfahrt beträgt vom Ortszentrum nur ein paar Minuten. Hinweisschilder vor Ort erleichtern dem Besucher die Orientierung zur Stupa.

INFO

Lage: Im Coconino Forest, im nördlichen Arizona,
ca. 25 Kilometer südlich von Flagstaff.
Adresse: 2650 Pueblo Drive, Sedona, AZ.

Website: *tara.org/amitabha-stupa*

12. Sugarloaf Mountain: Highlight inmitten der Stadt

Sobald die trockene Wüstenluft durch die zahlreichen umliegenden Büsche weht, liegt er in der Luft – der Duft von Sedona: eine Mischung aus trockenem Holz, intensivem Wacholder und staubigem Wüstensand. Hier und dort ist das Rascheln und Knacken der trockenen Äste zu hören und sonst kaum ein Geräusch, das sich aus dieser atemberaubenden Idylle störend hervorhebt.

Rote Felsen soweit das Auge reicht

Soweit das Auge reicht, sind rote Felsen in den unbegreiflichsten Ausmaßen und Dimensionen zu erblicken. Dass dieser fantastische Platz eigentlich inmitten von West-Sedona liegt, ist fast unglaublich.

Um den fast 1500 Meter hohen Sugarloaf Mountain zu erklimmen, beginnen Besucher ihre Wanderung am besten am Teacup Trailhead. Der Weg führt schon nach wenigen Metern von den umliegenden Wohnhäusern in die Natur und lässt so bereits nach kurzer

Typisches Trailbild in Sedona

Zeit das Gefühl völliger Abgeschiedenheit aufkommen. Der Pfad führt über tiefroten Sand stetig leicht bergauf. Schon aus dieser Perspektive ist der Blick auf den nahe gelegenen Capitol Butte absolut lohnenswert. Auch eines der Wahrzeichen Sedonas, der Chimney Rock, rückt immer näher. Linker Hand lässt sich der schornsteinartige Felsen erkennen; zwar weniger imposant, steht er dem Capitol Butte aber in seiner Unverkennbarkeit in nichts nach.

An der Weggabelung nach einem halben Kilometer führt der Thunder Mountain Trail linker Hand zum Chimney Rock. Dem rechten Pfad folgend geht es weiter Richtung Sugarloaf Mountain. An der nächsten Kreuzung, gerade einmal hundert Meter weiter, können Besucher zwischen einer längeren und einer kürzeren Wanderung wählen. Die längere Variante von insgesamt 3,2 Kilometern führt im Uhrzeigersinn weiter auf dem Teacup Trail Richtung Coffee Pot Rock und leitet ihn auf dem Rückweg zum Sugarloaf Mountain Loop, der zum Sugarloaf Summit führt. Bei der kürzeren Variante biegt der Besucher an dieser Gabelung direkt nach rechts auf den Rundweg zum Gipfel des Berges ein.

Der Weg bleibt hier vorerst relativ flach, bis nach etwa 900 Metern der Fuß des Sugarloaf Mountain erreicht ist. Ohne größere Kletterkenntnisse zu besitzen, ist bereits nach wenigen Minuten steilen Aufstieges der höchste Punkt des Berges erreicht.

Zeit zum Durchatmen und Genießen. Von hier aus bietet sich Besuchern ein 360-Grad-Panorama der absoluten Extraklasse: die Airport Mesa, der Bell und Castle Rock und sogar der Cathedral Rock lassen sich gut ausmachen. Von hier oben wird auch wieder deutlich, dass der Sugarloaf Mountain wirklich inmitten der Stadt liegt und fast ausschließlich bei Einheimischen aus der unmittelbaren Nachbarschaft ein beliebtes Ausflugsziel ist.

Die beste Zeit für einen Besuch ist definitiv zum Sonnenunter- oder -aufgang, wenn sich die Felsen in ihrer vollen Farbpracht zeigen. Nach einem langen Tag in der Natur Arizonas ist die Wanderung der perfekte Ausklang, um genau hier, auf der Spitze des Sugarloaf Mountain, die Seele baumeln zu lassen.

INFO

Lage: In Nord-Arizona im Coconino Forest, am nördlichen Stadtrand von Sedona, AZ. GPS: Trailhead 34.874401, -111.796506, Adresse: 2045 Buena Vista Drive, Sedona, AZ.

Wanderung: moderat, Länge: 3,2 Kilometer (Rundweg)

Website: *hikearizona.com/decoder.php?ZTN=16318&utm_content=cmp-true*

Hinweis: Für Wanderungen im Red Rock Country um Sedona ist der Red Rock Pass des US Forest Service nötig. Der Nationalpark-Jahrespass ist hier alternativ gültig.

13. Secret Slickrock: Bester Ort für einen unvergesslichen Sonnenaufgang

Der Cathedral Rock ist ein Gigant aus leuchtend rotem Sandstein und eine der meist fotografierten Bergformationen Arizonas. Der farbenprächtige Felsen bietet Besuchern ein faszinierendes Panorama vor einer malerischen Kulisse. Besonders eindrucksvoll und zudem leicht zu erreichen ist der Blick auf den monumentalen Felsen vom Secret Slickrock. Der Kontrast zu den grün bewaldeten, seichten Hügeln und dem plätschernden Oak Creek, der den gesamten Ort wie eine pulsierende Lebensader durchfließt, macht das einzigartige Landschaftsbild komplett.

Unverkennbare Kulisse Sedonas

Überlieferungen zufolge erfüllt eine spirituelle Energie ganz Sedona. Es soll sogar spezielle Plätze geben, an denen durch Magnetfelder besondere Energien fließen. Viele Menschen nutzen diese Plätze, Vortex genannt, für Meditationen oder spirituelle Sitzungen (siehe Tipp 11). Am Secret Slickrock deuten einige von Menschenhand gelegte Steinkreise darauf hin, dass hier ebenfalls genau so ein Vortex zu finden ist.

Der Zugang zum Trail ist über die US-89A und den Upper Red Rock Loop zu erreichen. Die traumhafte Straße schlängelt sich durch die mit Pinien dicht bewaldeten Hügel und gewährt atemberaubende Ausblicke auf das Panorama des 10.000 Einwohner großen Städt-

chens. Obwohl das letzte Stück der Straße unbefestigt ist, gibt es keinerlei Probleme bei der Anfahrt, unabhängig von der Art des Mietwagens. Das Auto kann gegenüber dem Schild mit der Aufschrift Trail abgestellt werden.

Der leichte Trail ist nicht markiert, aber als ausgetrampelter Fußpfad, der über losen Sand, etwas Geröll und glatten Sandstein führt, gut zu erkennen. Die Vegetation links und rechts des circa 750 Meter langen Weges ist abwechslungsreich und fesselt das Auge, sobald sich der Blick vom Pfad löst. Die ersten Meter geht es leicht bergauf, bis nach etwa der Hälfte des Weges der Cathedral Rock auf der linken Seite zu erkennen ist. Das letzte Drittel geht etwas steiler bergab. Abgesehen von einigen losen Steinen, die hier besonders in der Dämmerung zur Stolperfalle werden können, ist der Weg insgesamt aber eher anspruchslos und bietet ausreichend Gelegenheit, die wunderschöne Landschaft zu genießen.

Die letzten Schritte führen auf ein großes Plateau, direkt gegenüber dem Cathedral Rock. Unterhalb der Felskante ist die Crescent Moon Ranch zu erkennen und auch das Rauschen des Oak Creeks ist hier zu hören. An nicht vielen Orten können Besucher dem wunderschönen Felsgiganten ohne Weiteres so nahe kommen und eine ungehinderte Aussicht auf das Wahrzeichen der Stadt genießen. Dieser Anblick verzaubert. Zeit, durchzuatmen und zu genießen.

Es ist keine Seltenheit, dass hier vereinzelt Fotografen die Szenerie für ein Fotoshooting nutzen. Auch Einheimische treffen sich hier zum morgendlichen Yoga oder Abendspaziergang. Andere Touristen sind hier mit einer gewissen Wahrscheinlichkeit eher nicht anzutreffen, denn selbst unter Einheimischen ist dieser Aussichtspunkt oftmals noch ein Insidertipp.

Die schönsten Zeiten zum Fotografieren sind sicherlich zum Sonnenauf- oder -untergang. Der Fels wird so in das herrlichste Licht geworfen. Mit ganz viel Glück hat es ein paar Tage zuvor geregnet, sodass sich in den zahlreichen Potholes des Plateaus noch Wasser befindet und sie daher wunderschöne Reflexionen bieten.

Leuchtende rote Felsen zum Sonnenuntergang

INFO

Lage: In Nord-Arizona, im Coconino National Forest; der Trailhead liegt ca. zwölf Kilometer vom Stadtzentrum von Sedona, AZ, entfernt. GPS: 34.829848, -111.799392.

Wanderung: leicht, Länge: ca. 1,5 Kilometer (Rundweg)

Websites:

- *visitsedona.com/spiritual-wellness/what-is-a-vortex*
- *visitsedona.com*

Hinweis: Für Wanderungen im Red Rock Country um Sedona ist der Red Rock Pass des US Forest Service nötig. Der Nationalpark-Jahrespass ist hier alternativ gültig.

14. BROKEN ARROW TRAIL: ROT-WEISSE KLIPPEN, GRÜNE BÄUME UND ROTER SAND

Die rauen Sandsteinfelsen erstrahlen zur goldenen Stunde in den wohl kräftigsten Farben, die die Natur zu bieten hat. Langsam mischt sich Orange zu dem sonnigen Gelb und wechselt mit sinkender Sonne zu einem tiefen Rot. Das bedächtige Rauschen der umliegenden Wacholderbüsche lässt Besuchern bei der Wanderung auf dem Broken Arrow Trail den Geruch von Abenteuer und Wildnis in die Nase steigen.

Wilde und unberührte Natur

Wie bei vielen der zahlreichen Wanderungen in Sedona gibt es auch beim Broken Arrow Trail sprichwörtlich mehrere Wege, die zum Ziel führen. Oder auch viele Möglichkeiten, die eigentlich geplante Strecke mit einer weiteren zu verknüpfen. Jedoch ist die wohl schönste Variante hier auch zugleich die kürzeste.

Der Trailhead wirkt auf den ersten Blick eher unscheinbar und lässt kaum vermuten, welch spektakuläre Aussicht sich Wanderern innerhalb weniger Meter bieten wird. Zunächst wird eine ausgewaschene Schotterpiste überquert, die während des ersten

Beeindruckendes Panorama auf dem Trail

Streckenabschnittes immer mal wieder in Sichtweite des Trails erscheint. Auf dieser nähern sich vereinzelt dröhnende Offroad-Fahrzeuge immer mal wieder in Seh- und Hörweite an, bevor die Natur wieder ganz den Hikern gehört. Auf dieser Piste fahren unter anderem die Pink Jeep Tours weniger lauffreudige Touristen durch die fesselnde Landschaft Sedonas.

Auf staubig rotem Untergrund geht es durch dichtes Grün von Wacholderbüschen, bis nach etwa 1,5 Kilometern ein Felsplateau erreicht ist, das den bedeutungsvollen Namen Devils Dining Room trägt. Es handelt sich dabei um eine fast 30 Meter tiefe Grube, die durch den Kollaps des darunter verborgenen Hohlraums entstanden ist. Bedeutend spektakulärer als das zugegebenermaßen sehr große Loch im Boden ist allerdings von hier der Blick zurück. Durch die etwas erhöhte Lage zeigt sich prominent die umliegende Munds Mountain Wilderness: wunderschöne, schroffe Sandsteinfelsen im rot-weißen Farbgewand. Besonders zum Sonnenuntergang erleuchten die Felsformationen in den schönsten Gelb- und Rottönen und hinterlassen bei Besuchern einen bleibenden Eindruck.

Auf dem Broken Arrow Trail führt ein kleiner, aber gut erkennbarer Pfad entlang des Felsplateaus und offenbart nach wenigen Metern bereits den nächsten spektakulären Ausblick. Es zeigen sich die fast 1700 Meter hohen Twin Buttes, zwei direkt nebeneinanderliegende Felshügel, die sich besonders bei Kletterfreunden und Mountainbikern großer Beliebtheit erfreuen. Beim Blick in die so wild erscheinende Natur ist es nur schwer vorstellbar, dass auf der dem Blick abgewandten Seite des nördlichen Hügels bereits die Chapel of the Holy Cross liegt.

Während der Wanderung lohnt es sich immer mal wieder, kleinere Pausen einzulegen und den Ausblick auf die umliegende atemberaubend schöne Landschaft zu genießen, den rauschenden Wäldern zu lauschen und fernab des Trubels der Stadt schlichtweg innezuhalten und die besondere naturverbundene Stimmung aufzunehmen. Die Strecke ist übrigens auch wegen ihrer zahlreichen Vortexe bekannt, die für ganz besondere Energiefelder sorgen sollen.

Wenige später gelangt bereits das letzte Highlight der Wanderung ins Blickfeld: der circa 1300 Meter hoch gelegene Aussichtspunkt Chicken Point. Am Fuße der Twin Buttes gelegen, bietet er ein unschlagbares Panorama über die beschauliche Stadt auf der einen Seite und die naturbelassene Munds Mountains auf der anderen. Abwechslungsreicher und vielseitiger könnte der Blick kaum sein – der Ausblick von hier wird einfach niemals langweilig.

INFO

Lage: In Nord-Arizona, 35 Kilometer südlich von Flagstaff, im Coconino National Forest. GPS: Trailhead 34.845506, -111.756783, Devils Dining Room 34.840502, -111.755135, Chicken Point 34.829018, -111.754781.

Wanderung: leicht-moderat, Länge: ab vier Kilometer (Rundweg)

Websites:

- *fs.usda.gov/recarea/coconino/recarea/?recid=55250*
- *jeeptheusa.com/broken-arrow-30.html*
- *visitsedona.com*

Hinweis: Für Wanderungen im Red Rock Country um Sedona ist der Red Rock Pass des US Forest Service nötig. Der Nationalpark-Jahrespass ist hier alternativ gültig.

15. Banjo Bill Picnic Site: Zeit für eine willkommene Abkühlung

Das sanfte Rauschen des Oak Creek entfaltet schlagartig eine beruhigende Wirkung, während einzelne warme Sonnenstrahlen sich ihren Weg durch das dichte Blätterdach des Coconino Forest bahnen. Besucher, die für einen Moment Ruhe und Entspannung suchen, kommen hier voll auf ihre Kosten.

Sedona – das sind rote Sandsteinfelsen, saftig grüne Wälder und der Oak Creek. Viele Besucher möchten diese äußerst spektakuläre Kombination bei einer Wanderung auf dem West Fork Trail erleben. Dieser Weg ist der beliebteste in Sedona und zählt obendrein auch zu den beliebtesten Trails der USA. Dementsprechend hoch

Rauschende Abkühlung an heißen Tagen

frequentiert sind die malerischen zwölf Kilometer entlang eines Seitenarms des Oak Creek etwas außerhalb der Stadtgrenze. Nicht nur zur Hochsaison müssen Trail und der dazugehörige Parkplatz regelmäßig wegen Überfüllung kurzzeitig geschlossen werden.

Der West Fork Trail mag zwar zweifelsfrei eine der schönsten Wanderungen entlang des Flusses sein. Aber es gibt viele alternative Möglichkeiten, die malerische Symbiose aus Wald, Wasser und Felsen zu erleben – auch ohne längere Wanderungen. Der US Forest Service betreibt entlang des Oak Creek eine Reihe von Camping- und Picknickplätzen, die hierfür ideale Ausgangspunkte schaffen.

Nach einer kräftezehrenden Wanderung auf den zahllosen staubigen Pfaden Sedonas und unter der warmen Sommersonne Nord-

Entspannung pur am Oak Creek

Arizonas bieten einige Momente zwischen den hohen, Schatten spendenden Bäumen nicht nur eine willkommene Abwechslung, sondern versprechen auch Erholung. Kaum baumeln die Füße im kalten Wasser des Flusses und sind die leckeren Snacks ausgepackt, sind die Strapazen der Wanderung schon vergessen.

Etwa 13 Kilometer nördlich von Sedona, an der dem Flussverlauf folgenden Arizona State Route 89A, liegt der Banjo Bill-Picknickplatz. Von den sieben Picknick- und Campingplätzen ist der nur sehr unscheinbar ausgeschilderte Banjo Bill einer der eher unbekannteren. Die Campingplätze entlang des Flusses sind bei Amerikanern sehr beliebt und auch wirklich gut besucht. Da das Übernachten am Banjo Bill aber nicht gestattet ist, lässt sich hier einfacher ein ruhiges Plätzchen fernab der Campinggäste finden. Die einzige Möglichkeit hier zu übernachten, ist die nahe gelegene Orchard Canyon Lodge. Am Banjo Bill können Besucher nach Belieben und Abenteuerlust dem Ruf der Wildnis in den Wald oder entlang des Flusses folgen.

Nur einen Kilometer weiter südlich in Richtung Sedona liegt der Slide Rock State Park. Hierher verschlägt es Besucher, für die Beschaulichkeit nicht das Richtige ist. Dieser sehr besondere Wasserpark hält einige natürliche Wasserrutschen in petto, die für Groß und Klein ein abwechslungsreicher Spaß sein können. Auf durch den Oak Creek glatt geschliffenen roten Sandsteinrinnen flitzen badewillige Gäste stromabwärts durch die wunderschöne Landschaft. Zwar ist dieser Park wahrlich kein Geheimtipp, aber dennoch einen kurzen Besuch wert.

INFO

Lage: In Nord-Arizona, 35 Kilometer südlich von Flagstaff, im Coconino National Forest. GPS: 34.960325, -111.753021

Website: *fs.usda.gov/recarea/coconino/recarea/?recid=55220*

Hinweis: Für Wanderungen im Red Rock Country um Sedona ist der Red Rock Pass des US Forest Service nötig. Der Nationalpark-Jahrespass ist hier alternativ gültig.

16. „Am Rand der Welt“: Coconino National Forest

Staubige Lichtkegel schneiden durch den dichten Kiefernwald. Sie zeichnen in der warmen Sommerluft ein Mosaik aus Licht und Schatten. Unter den Sohlen der Wanderschuhe knackt und knirscht es bei jedem Schritt. Der sonnengedörrte Waldboden ist Zeuge einer abenteuerlichen Reise von über 40 Kilometern auf einer Dirt Road. Und hier – am Rande der Welt – öffnet sich jenseits der Bäume ein grandioses Panorama: ein Tal aus roten

Panoramablick von der „Edge of the World“

Felsen, grünen Bäumen und in der Ferne Sedona. Eingebettet im Coconino National Forest bietet dieser abgelegene Ort atemberaubende Ausblicke, einzigartige geologische Formationen und eine ruhige Atmosphäre.

Edge of the World gehört zu jenen Orten, die schwer in Worte zu fassen sind. Der Ort bietet den Besuchern einen Ausblick über einen schier unendlichen Abgrund. Ein Gefühl, als stünde man am sprichwörtlichen Ende der Welt. Ein solcher Anblick kann Wanderlust entfachen.

Dieser Teil des Coconino National Forest, der nahezu die gesamte nördliche Flanke von Sedona umfasst, ist Zeuge der Kunstwerke von Wind und Wasser. Über Jahrtausende haben die Elemente sanfte rote Hügel, zerklüftete Felsen und Flüsse geformt, die sich durch dichte Pinienwälder schlängeln. Obwohl ein Großteil dieser Region für den motorisierten Verkehr gesperrt ist, bleibt eine Anreise aus Flagstaff über verschiedene Forest Roads möglich. Für Wanderbegeisterte führt der 19 Kilometer lange A.B. Young Trail aus der Bootlegger Picnic Area (gelegen an der US-89A) in diese beeindruckende Wildnis.

Der Wald bietet hier Lebensraum für eine beeindruckende Tierwelt. Hirsche, Javelinas (Nabelschweine), Kojoten, Kühe und Schwarzbären sind nur einige der Bewohner dieses Schutzgebietes. Ein atem-

Traumhafte Farbwelt zum Sonnenuntergang

beraubender Blick nach Sedona kann von verschiedenen Punkten aus genossen werden, wobei sich Ausblick und Szenerie ständig ändern. Es gibt daher nicht den einen perfekten Ort für ein Picknick oder einen Sonnenuntergang.

Ein besonderes Highlight ist „The Knob". Die etwas vorgelagerte Felsformation wird auch Jenga Rock genannt. Betrachtet man The Knob aus verschiedenen Blickwinkeln, so wirkt es, als bestünde sie aus Teilen eines Steinpuzzles, das kreuz und quer aufeinander gestapelt und ausbalanciert ist.

Obwohl die Zivilisation von Sedona in Sichtweite ist, liegt Edge of the World abgeschieden in der Wildnis und ist daher ein echter Geheimtipp. Auch gibt es in der Region keinen stabilen Handyempfang. Es ist daher ratsam, das Abenteuer mit Vorsicht und Vorbereitung anzugehen. Wasser, Verpflegung und warme Kleidung sollten im Gepäck nicht fehlen. Im Sommer birgt der Coconino zudem seine eigenen Gefahren wie Waldbrände und plötzliche Wetterumschwünge, die den sonst trockenen Waldboden in rutschige Pfade verwandeln können.

Edge of the World bleibt ein faszinierendes Mysterium, ein stilles Paradies, das Einblicke in die Unberührtheit und Schönheit der Natur bietet. Es dient als Erinnerung an die Wunder, die noch darauf warten, in dieser weiten Welt entdeckt zu werden.

INFO

Lage: Gelegen im Coconino National Forest, nahe Sedona, Arizona. GPS: 34.869739, -111.761017

Aktivitäten:

- Wandern, Naturbeobachtungen, Fotografie. Bietet einen spektakulären Ausblick auf das Tal und die umliegenden roten Felsen.

Website: *fs.usda.gov/coconino*

Hinweis: Aufgrund der abgelegenen Lage ist eine gute Vorbereitung und Kenntnis der lokalen Bedingungen empfehlenswert.

Nevada

Leuchtend-rote Bowl of Fire

Nevada

17. Cathedral Gorge State Park: Beeindruckende erodierte Felsformationen
18. Spring Mountains: Berge und Schnee vor den Toren der Wüstenstadt
19. Sunset Point: Wo sich Horizont und Casino-Lichter treffen
20. White Owl Trail: Kleiner, aber feiner Slot Canyon mit gefiederten Bewohnern
21. Bowl of Fire: Inmitten von feuerroten Felsen

Ursine
Pioche
17
Panaca
Modena
Bennett Springs
Rachel
Hiko
93
Caliente
Alamo
Elgin
Motoqua
NEVADA
93
Desert National Wildlife Refuge
Coyote Springs
Mesquite
15
Moapa
Indian Springs
Moapa Valley
98
18
19
21
Mount Charleston
Las Vegas
20
Callville Bay
Henderson
Temple Bar
Meadview
93
11
15
Lake Mead National Recreation Area
ARIZONA
0
50 km

17. Cathedral Gorge State Park: Beeindruckende erodierte Felsformationen

Bis zu 50 Meter hoch ragen die obskur aussehenden Türme aus Sandstein empor. Teilweise begehbar, ähneln sie Kathedralen in karger Umgebung. Beim Wandern durch das Labyrinth aus Felsschluchten und Felsnadeln kommt schnell der Eindruck auf, Schritte auf der gräulichen Oberfläche eines fremden Planten zu wagen.

Die imposante und bisweilen auch exzessive Erscheinung von Las Vegas täuscht darüber hinweg, dass Nevada ein überwiegend ländlich geprägter Bundesstaat ist, der ähnlich wie beispielsweise Utah landschaftlich durchaus Abwechslung verspricht. Bereits wenige Autostunden nördlich von Las Vegas ist vom Wüsten-Feeling des Valley of Fire nichts mehr zu spüren.

Surreale Felsformationen

Warum der Cathedral Gorge State Park bisher nicht bekannter ist oder als Bundesschutzgebiet ausgewiesen wurde, ist angesichts der gleichsam dramatischen wie surrealen Szenerie nur schwer nachzuvollziehen. Vorteil wie Nachteil zugleich ist die abgeschiedene Lage tief im ländlichen Nevada, etwa 250 Kilometer nördlich von Las Vegas respektive 150 Kilometer nordwestlich von St. George in Utah.

Das nur etwas über sieben Quadratkilometer große Naturschutzgebiet ist übersichtlich. Eine Straße führt als Rundweg durch den südlichen Teil des Parks. Von hier lassen sich die Startpunkte der Mehrzahl der insgesamt nur neun Wanderwege erreichen, von denen keiner länger als fünf Kilometer misst. Die Wanderungen führen durch eine eindrucksvolle Landschaft aus Sandsteintürmen und Felsklippen mit tropfsteinartigen Abbrüchen. Diese erinnern beim ersten Blick etwas an den bekannten Bryce Canyon National Park. Es fehlt jedoch das tiefe Orangerot des typischen Navajo-Sandsteins. Stattdessen findet sich eine eher fahle Farbgebung mit nur vereinzelt kräftigen Farbeinschlüssen. Die geologischen Formationen der Cathedral Gorge sind aus Sedimenten eines ausgetrockneten Sees entstanden. Erosion und abfließendes Wasser haben tiefe, gewundene Schluchten in die Felsen gespült, die von innen betrachtet sehr an die Slot Canyons Utahs erinnern. Auffällig ist die karge Vegetation, die auf den nährstoffarmen Bentonit-Boden und die stetige Verwitterung zurückzuführen ist.

Wie auf einem anderen Planeten

Ein geeigneter Startpunkt für eine kurze Wanderung am Fuße der Felsen ist der Picknickplatz nördlich der Cathedral Caves. Da sich der lehmige Boden aus Sedimentgestein bereits bei den ersten Regentropfen in eine schwer begehbare Schlammfläche verwandelt, empfiehlt sich für eine Wanderung in dieser Gegend trockenes Wetter und festes Schuhwerk.

Eine ganz andere Perspektive bietet sich von den höher gelegenen Aussichtspunkten Miller Point und Eagle Point im nördlichen Teil des Parks. Für die Anfahrt zu diesen Bereichen ist es notwendig, den Park kurz zu verlassen und der US-93 für drei Kilometer nach

Norden zu folgen. Der Blick von oben in das Labyrinth ist die ideale Ergänzung zur Wanderung durch die engen Felspylone. Dramatisch und wie aus einer andern Welt verspricht der State Park abwechslungsreiche Stunden in landschaftlicher Schönheit, die den meisten Touristen verschlossen bleibt.

Der Cathedral Gorge State Park bietet zu jeder Jahreszeit ein interessantes Ambiente. Mit Temperaturen von über 30 Grad Celsius im Sommer und Frost mit Schneefall im Winter ist auch in diesem Punkt für Abwechslung gesorgt.

Ein Landstrich voller Kontraste

INFO

Lage: Zwischen Pioche und Panaca, 25 Kilometer nördlich von Caliente an der US-93 (Great Basin Highway) im östlichen Nevada. GPS: 37.803740, -114.408321.

Website:

- *parks.nv.gov/parks/cathedral-gorge*

18. Spring Mountains: Berge und Schnee vor den Toren der Wüstenstadt

Mit milden Temperaturen, einer angenehmen Höhenluft und tiefgrauen Kalksteinfelsen bietet das Spring Mountain-Erholungsgebiet ein eindrucksvolles Abwechslungsprogramm zum ansonsten eher kargen und öden Ambiente rund um Las Vegas. Ob nur für ein Picknick oder einen längeren Ausflug – hier gibt es zahlreiche Möglichkeiten, sich eine Auszeit von der Glitzermetropole zu gönnen.

Perfekter Ausgleich zu der Glitzermetropole Nevadas

Las Vegas ist ein Touristenmagnet. Dank ansprechender Lage, zahlreicher Flugverbindungen und guter Infrastruktur kommen im Jahr knapp 40 Millionen Besucher nach Las Vegas. Mehr als 150.000 Hotelzimmer gibt es in dieser so besonderen Stadt. Und so kommen zwangsweise auch Reisende hierher, die die USA eigentlich abseits des touristischen Mainstreams erkunden wollen.

Bei einem mehrtägigen Aufenthalt verspüren besonders naturverbundene Reisende jedoch bereits nach kurzer Zeit den Drang, der Hektik und dem Lärm der Stadt zu entfliehen. Da bietet sich ein

Ausflug zur Spring Mountains National Recreation Area an. Dieses Erholungsgebiet liegt nur circa 60 Kilometer in nordwestlicher Richtung von Las Vegas entfernt. Trotz der geringen Distanz findet es bei den wenigsten Reisenden einen Platz in der Routenplanung. Dabei sind die für das Naturschutzgebiet namensgebenden Spring Mountains aus dem Stadtpanorama von Las Vegas nicht wegzu-

Ein einsamer Highway führt in die Berge.

denken. Die Bergkette säumt schließlich die komplette Westseite der Stadt und komplettiert so das Bild der Amüsierstadt inmitten der Wüste.

Auch die bei Las Vegas' Besuchern beliebte Red Rock Canyon National Conservation Area ist Teil der Spring Mountains. Der prominenteste Berg der knapp 75 Kilometer langen Gebirgskette – der Charleston Peak – ist mit seinen immerhin 3600 Metern auch von Weitem immer deutlich sichtbar. Durch die Höhenlage lassen sich auch an Hochsommertagen Aktivitäten finden, an die in der Stadt oder an anderen stadtnahen Zufluchtsorten Naturbegeisterter nicht zu denken gewesen wäre. Ihren Namen haben die Spring Mountains im Übrigen nicht von dem englischen Wort für „Frühling", sondern „Quelle". Über 80 Bäche und Flüsse entspringen im gesamten Gebiet der Spring Mountains – entsprechend farbenfroh und vielseitig ist die Vegetation.

Allein die Fahrt in das Gebiet ist schon ein Highlight. Langsam verblassen die Wolkenkratzer und Billboards hinter dem Mietwagen. Die komplette Bergkette ist umschlossen von der Wüste. Nach etwa 40 Minuten verändert sich das Bild schlagartig. Ein kurzer Stopp am Straßenrand, um die Szenerie zu genießen und ein Erinnerungsfoto zu machen, lohnt sich.

Die Möglichkeiten für Freizeitaktivitäten in der Spring Mountains National Recreation Area sind vielfältig, aber saisonal schwankend. Ein guter Ausgangspunkt für Reit- oder Mountainbike-Ausflüge, Wanderungen auf den gut 80 Kilometer markierten Trails oder auch (je nach Saison) kurze Ski-Abfahrten ist das Spring Mountains Visitor Gateway Visitor Center. Jedoch kommen nicht nur eingefleischte Outdoor-Enthusiasten hier auf ihre Kosten. Besucher ohne weitreichende sportliche Ambitionen in der Höhenluft können die abwechslungsreiche Natur bei einem kurzen Spaziergang oder an einem der zahlreichen Picknickplätze perfekt genießen. Aufgrund der kurzen Fahrdistanz sind Letztere besonders bei Einheimischen aus dem nördlichen Las Vegas beliebt. Andere Urlauber aus Übersee zu treffen, ist eher selten.

INFO

Lage: Das Besucherzentrum befindet sich 43 Kilometer Luftlinie nordwestlich von Las Vegas entfernt. GPS: 36.272348, -115.589567.

Website: *gomtcharleston.com*

Hinweis: Saisonbedingt kann es zu Schließungen einzelner Bereiche kommen.

19. Sunset Point: Wo sich Horizont und Casino-Lichter treffen

Wie Diamanten funkeln die Glasfronten der Hotels in der leuchtend orangeroten untergehenden Sonne. Der Sunset Point bietet eine unbezahlbare Aussicht über Las Vegas. Kostenlos und in freier Natur zieht das Antlitz dieser sehr besonderen Stadt ihre Besucher zu jeder Tages- und Nachtzeit in ihren Bann.

Faszinierende Lichterstadt

Las Vegas ist definitiv die Stadt der Erlebnisse. Zwar beansprucht Disney World in Florida den Titel „Happiest Place on Earth" für sich, aber in Anlehnung hieran ist Las Vegas als Disneyland für Erwachsene bekannt. Denn eigentlich können Besucher hier alles erleben, was das Erwachsenen-Herz sich wünschen kann: Es gibt nichts, was es nicht gibt.

Las Vegas ist zugleich auch die Stadt der spektakulären Aussichten. Durch den Kontrast der kargen, staubigen Umgebung inmit-

Las Vegas Strip bei Nacht

ten der Wüste einerseits und dem pulsierenden und farbenfrohen Nachtleben andererseits ist die Sicht von oben auf die Stadt zu jeder Tages- und Nachtzeit besonders eindrucksvoll. Folglich gibt es in der Stadt zahlreiche Möglichkeiten, im wörtlichen Sinne hoch hinaus zu kommen: Helikopterrundflüge, das Riesenrad High Roller, The Strat, die GHOSTBAR im Hotel The Palms, der Eifelturm und viele weitere Bars in zahlreichen Hotels am legendären Las Vegas Strip. Alle haben jedoch etwas gemeinsam: Wie eigentlich alle Aktivitäten in Las Vegas sind sie nicht kostenlos und zudem stets gut besucht. Es ist geradewegs unmöglich, der Sonne aus einer besonderen Perspektive andächtig dabei zuzusehen, wie sie langsam hinter die Spring Mountains sinkt und die Amüsiermeile funkeln lässt, während sie den Rest der Stadt in ein leuchtendes Orange taucht.

Anders verhält es sich am Sunset Point: Dieser Aussichtspunkt am äußersten Rand der Stadt am Fuße des Frenchman Mountain ist unter freiem Himmel gelegen und außerdem mit dem Auto direkt zu erreichen. Der Blick auf die Stadt ist beeindruckend. Empfehlenswert ist der Besuch vor allem zum Sonnenuntergang, der durch den ungehinderten Blick nach Westen wirklich überwältigend ist.

Für die perfekte Aussicht ist es noch nicht einmal notwendig, den Frenchman Mountain zu erklimmen. Auch wenn schon der Blick aus dem parkenden Auto zu genießen ist, reichen wenige zusätzliche Schritte auf die Hügel rechts oder links der Straße, um diese Einmaligkeit aus der ersten Reihe zu genießen. Keine anderen Touristen, aber sehr wohl ein paar Einheimische treffen sich zum Sonnenuntergang an dem lauschigen Plätzchen.

Und wem das noch nicht genug ist, der fährt aus Richtung Las Vegas kommend die Straße einfach knappe 14 Kilometer weiter auf die Northshore Road, die als NV-167 den nördlichen Teil des Lake Mead umspannt. Nach dem Erblühen des Lichtermeeres der Stadt könnte die hereinbrechende Nacht kaum kontrastreicher beobachtet werden, als zum Beispiel am Government Wash das Aufziehen der Sterne über dem Lake Mead zu bestaunen. Diese kleine Landzunge im nördlichen Teil des Sees ist für Besucher bequem mit dem Auto erreichbar und eröffnet in absoluter Dunkelheit einen ungehinderten Blick auf das beeindruckende Sternenzelt am Himmel.

INFO

Lage: Der Sunset Point liegt am Fuße des Frenchman Mountain, am östlichen Ende der Stadt, zwischen der Nellis Air Force Base und dem Lake Mead. GPS: 36.198717, -115.011119.

Websites:

- *visitlasvegas.com*
- *nps.gov/lake/index.htm*

20. White Owl Trail: Kleiner, aber feiner Slot Canyon mit gefiederten Bewohnern

Eulen, Kojoten, ein enger Canyon und Muscheln unter den Schuhen – der White Owl Trail in der Lake Mead National Recreation Area ist in vielerlei Hinsicht eine wirklich überaus lohnenswerte und abwechslungsreiche Wanderung.

Türkisblaues Wasser trifft auf sandige Wüstenlandschaft: Diese Kombination wird im Südwesten der USA häufig nur mit dem Lake Powell bei Page in Arizona in Verbindung gebracht. Beim Anflug auf Las Vegas sind so viele Besucher überrascht, dass die Casino-Stadt in Süd-Nevada ähnliches zu bieten hat. Der Lake Mead ist vom Las Vegas Strip in nur circa 30 Minuten mit dem Auto zu erreichen. Zwei Eingänge führen in das Schutzgebiet, das unter der Verwaltung der US-Nationalparkbehörde steht.

Der Ausgangspunkt für die circa vier Kilometer lange Wanderung beginnt am 33-Hole-Overlook, einem Picknickplatz am äußerst nordwestlichen Ausläufer des Sees. Vom zweiten Tisch der äußersten linken Gruppe an Picknickplätzen markiert ein in nordwestlicher Richtung verlaufender Trampelpfad den Beginn der Wanderung. Dieser leitet Wanderer über einen steilen Abstieg auf eine mit hohen Sträuchern bewachsene Ebene. Der Weg führt etwa 150 Meter weiter in nordwestlicher Richtung über den mit Muscheln und Sedimenten übersäten einstigen Grund des Sees, bevor er in einem sanften Bogen gen Südwesten Kurs auf die Felswände nimmt. Der Gang über den Grund des Sees ist beeindruckend wie beängstigend zugleich. Es bedarf schon einiger Fantasie, um die Vorstellung, dass hier vor einigen Jahrzehnten alles tief unter Wasser stand, zum Leben zu erwecken. Einige verrostete Getränkedosen und andere seinerzeit über Bord geworfene Überbleibsel der unternehmungslustigen Spaßkultur der 1980er- und 1990er-Jahre verdeutlichen eindrucksvoll, dass der Pegelstand des Lake Mead über die vergangenen 30 Jahre um beachtliche 45 Meter abgesunken ist. Mittlerweile sind hier anstatt von Fischen nur noch Kojoten und Dickhornschafe heimisch.

Schroffe und enge Felswände

Barn Owl

Nach wenigen hundert Metern ist die Mündung des Canyons in Sichtweite. Die Wanderung folgt dem linken (südlicheren) Arm des Canyons und führt zwischenzeitlich über eine leichte Erhebung, die einstige Strandlinie des Sees, bevor die Canyonwände enger rücken und der spannende Teil der Wanderung beginnt.

Die hier heimischen Barn Owls (Schleiereulen) nutzen die steilen, geschwungenen Felswände zum Nisten. Da es sich um sehr scheue Tiere handelt, empfiehlt es sich zu Brutzeiten die Wanderung von hier ohne größere Geräuschentwicklung fortzusetzen. Durch den weißen Vogelkot sind die Nistplätze in einiger Höhe gut auszumachen.

Weiter im Wash wartet nach dem ersten engen Abschnitt des Canyons ein unterirdischer Wasserkanal, den es zu durchschreiten gilt. Durch diese Rohrleitung werden bei Regenfällen die Wassermassen, die sich durch den engen Canyon schieben, unter der Lakeshore Road hindurch geleitet. An heißen Sommertagen versprüht das Schatten spendende Rohr eine gewisse Anziehungskraft für die Kleintiere der Region. Eine Taschenlampe kann helfen, den Trittbereich etwas auszuleuchten. Kaum ist das Rohr durchschritten, wartet eine weitere Passage

Unterwegs auf besonderen Wegen

des Canyons darauf entdeckt zu werden. Zwar stehen die Felswände auf den folgenden 400 Metern nicht mehr ganz so eng zusammen, jedoch wird das Canyon-Erlebnis dadurch kaum geschmälert. Der folgende unterirdische Wasserkanal ist das Ende der Felsschlucht und markiert gleichzeitig den Umkehrpunkt der Wanderung. Über dem Wasserrohr verläuft an dieser Stelle keine Straße, sondern der River Mountains Loop Trail, ein insgesamt 55 Kilometer langer, asphaltierter kombinierter Rad- und Fußweg. Dieser umrundet die gut 1000 Meter hohe Berglandschaft, die den Lake Mead vom Las Vegas Valley trennt.

Wanderfreudige Besucher können über den River Mountains Loop Trail zum Shoreline Trail gelangen, der parallel zum Las Vegas Creek wieder in Richtung des Parkplatzes führt. Über diesen Umweg lässt sich die Wanderung insgesamt in ihrer Länge verdoppeln. Als Belohnung für diese Anstrengung hält der Shoreline Trail einige faszinierende Blicke auf den Lake Mead bereit.

INFO

Lage: In der Lake Mead National Recreation Area.
GPS: Parkplatz 36.111126, -114.843970, Eingang zum White Owl Canyon 36.110256, -114.849779.

Wanderung: leicht-moderat, Länge: vier Kilometer (Rundweg)

Websites:

- *nps.gov/lake*
- *rivermountainstrail.org*

Hinweise:

- Anders als in vielen anderen Naturschutzgebieten sind die Wanderwege in der Lake Mead National Recreation Area nicht beschildert. Eine gute Orientierungsfähigkeit sowie eine akkurate Karte oder ein GPS-Gerät sollten also zwingend mitgenommen werden.
- Aufgrund des teilweise sehr hohen Gestrüpps empfiehlt sich lange Kleidung.
- Der Nationalpark Jahrespass ist gültig.

21. Bowl of Fire: Inmitten von feuerroten Felsen

Beim Blick nach rechts strahlt der bizarr geformte Sandstein in einem leuchtenden Rot. Beim Blick nach links – das gleiche Bild. Die Bowl of Fire gebührt ihrem Namen wirklich alle Ehre und lässt stark erodierten Sandstein in kräftigen Rot- und Orangetönen erstrahlen so weit das Auge reicht. Umgeben nur von einigen Kakteen und Salbeibüschen verirrt sich sonst kaum ein Besucher an diesen beeindruckend wilden Ort inmitten der Lake Mead National Recreation Area.

Die Bowl of Fire ist nicht zu verwechseln mit dem Valley of Fire. Zwar liegen beide Gebiete in der Nähe zu Las Vegas, aber bei der Bowl of Fire handelt es sich nicht etwa auch um einen gut erschlossenen State Park, sondern um ein abgelegenes Gebiet in der zum Lake Mead-Erholungsgebiet gehörenden Muddy Mountain Wilderness. Umgeben von gräulichen Kalksteinbergen vermittelt die Bowl of Fire den Eindruck, fast vollständig in einer Welt aus rotem Sandstein eingeschlossen zu sein. Es ist derselbe Sandstein, der das ähnlich farbenfrohe Valley of Fire prägt.

Besucher, die etwas Zeit mitbringen, um das Areal auf eigene Faust zu erkunden, werden mit Arches, kleineren Einkerbungen, Höhlen, versteinerten Dünen, Felsnadeln und auch einem elefantenähnlichen Felsblock belohnt. Einmal in der Bowl angekommen, gibt es keine Route, keinen bestimmten Weg, den es einzuhalten gilt. Die sich über fünf Kilometer Breite erstreckende Landschaft lädt dazu ein, nach Lust und Laune, kreuz und quer umherzustreifen und die vielen kleinen wie großen aufregenden Details zu erforschen. Nach Norden werden die Felsen noch facettenreicher und wirken insgesamt farbenfroher. Dafür ist hier durch das etwas unwegsamere, teils anspruchsvolle Gelände allerdings auch das Vorankommen schwieriger.

Die Bowl of Fire ist nicht direkt mit dem Auto zu erreichen. Besucher haben zwei mögliche Startpunkte für die Wanderung, die hier eher das notwendige Übel als ein eigenes Spektakel ist. Entlang der Northshore Road ist an Meilenmarker 18.2 eine Haltebucht, die als Parkplatz dient. Hier beginnt die Wanderung in nördlicher Richtung und führt östlich an dem circa 450 Meter von der Straße entfernten Hügel vorbei. Von hier geht es in nordwestlicher Rich-

Spannende Farbzeichnungen im Sandstein

Überall finden sich kleine Höhlen

Ein Meer aus rotem Sandstein

tung immer auf die Engstelle zu, die den Eingang zur Bowl of Fire markiert. Bevor die Entdeckung des beeindruckenden Gebietes aber beginnen kann, gilt es noch das ausgetrocknete Flussbett des Calville Wash zu queren und dem kleinen Pfad in Richtung der Engstelle zu folgen.

Für die zweite Möglichkeit, sich der Bowl of Fire zu nähern, braucht es neben einem allradfähigen Fahrzeug auch noch erste Erfahrungen im Fahren in tiefsandigen Passagen. Der Calville Wash ist nämlich hier Teil des offiziellen Straßennetzes und darf befahren werden. Der großartige Spaß für abenteuerfreudige Fahrer beginnt ab Meilenmarker 16: Hier muss die Northshore Road nach Norden auf die Calville Washington North Road verlassen werden. Es folgt circa drei Kilometer feinster Offroad-Spaß im ausgetrockneten Flussbett. An der Stelle, an dem die zuvor beschriebene Wanderung den Calville Wash quert, kann das Fahrzeug außerhalb neben dem „Straßenverlauf" abgestellt werden. Von hier ist der Rest des Weges zu Fuß auf der zuvor beschriebenen Route zurückzulegen.

INFO

Lage: In der Lake Mead National Recreation Area, Muddy Mountain Wilderness. GPS: Parkplatz Straße 36.210901, -114.656439, Parkplatz Wash 36.21583,-114.663934, Eingang Bowl 36.221450, -114.667527, Ende Trail 36.226235, -114.670231.

Wanderung: moderat-schwierig, Länge: ca. acht Kilometer

Websites:

- *nps.gov/lake*
- *travelnevada.com/discover/31988/muddy-mountains-wilderness*

Hinweis: Anders als in vielen anderen Naturschutzgebieten sind die Wanderwege in der Lake Mead National Recreation Area nicht beschildert. Eine akkurate Karte oder ein GPS-Gerät sollten also mitgenommen werden. Der Nationalpark-Jahrespass ist gültig.

Utah: Der Osten

Moabs Wüstenlandschaft

Utah: Der Osten

22. Big Horn Overlook: Wo die Sonne hinter den Hörnern versinkt
23. Corona Arch und Bowtie Arch: Moabs schönste Felsbögen
24. Delta Pool: Wanderung wie auf dem Mond
25. Onion Creek Narrows: Knöcheltief waten durch Moabs Schluchten
26. Fisher Towers: Wo zerklüftete Sandsteinzinnen den blauen Himmel durchschneiden

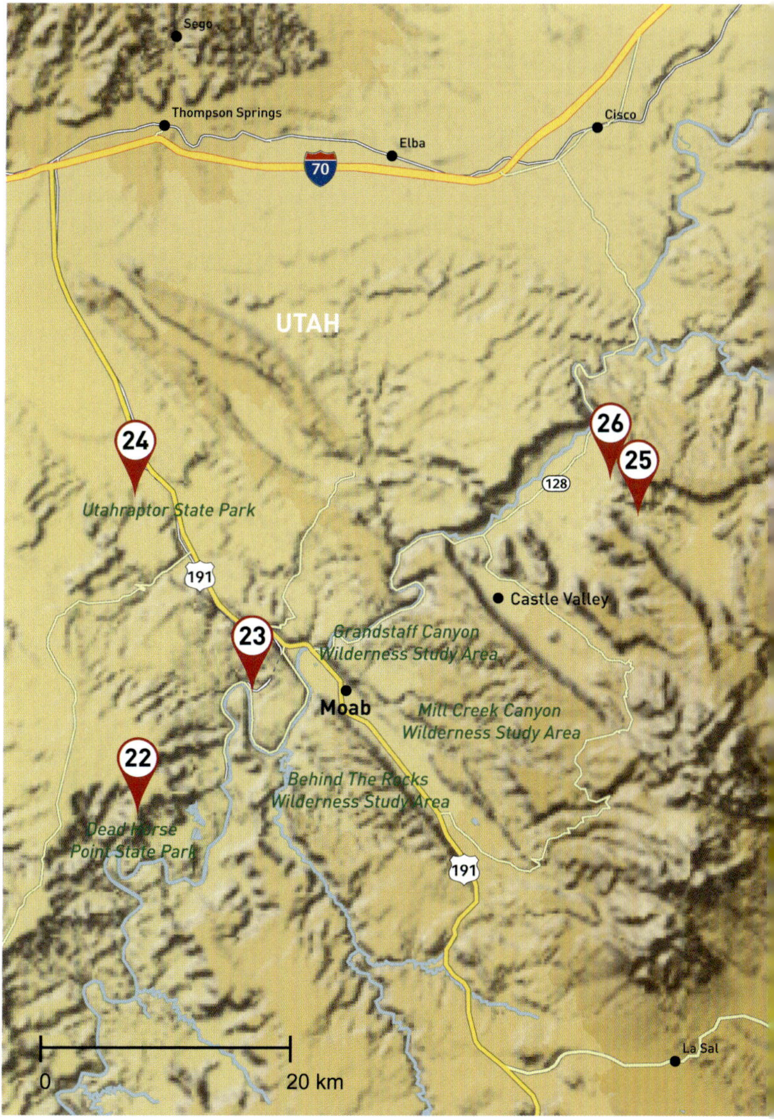
Sego
Thompson Springs
Elba
Cisco
70
UTAH
24
Utahraptor State Park
26
25
128
191
Castle Valley
23
Grandstaff Canyon
Wilderness Study Area
Moab
Mill Creek Canyon
Wilderness Study Area
22
Behind The Rocks
Wilderness Study Area
Dead Horse
Point State Park
191
0
20 km
La Sal

22. Big Horn Overlook: Wo die Sonne hinter den Hörnern versinkt

Die warme Abendsonne schiebt sich langsam hinter den Horizont und bricht sich dabei an den zackigen Felstürmen, die in der breiten 600 Meter tiefen Felsschlucht stehen. Das warm-rote Licht hüllt die gesamte Szenerie in eine gleichermaßen unwirkliche wie schöne Stimmung. Von den Besuchertrauben, die nur wenige hundert Meter weiter dem Sonnenuntergang am Dead Horse Point Overlook entgegenfiebern, ist hier nichts mehr zu spüren.

Nach dem Sand Hollow State Park (s. Tipp 40) war der Dead Horse Point State Park in 2022 mit einer Million Besuchern der zweithäufigst besuchte State Park und ist wahrlich kein Geheimtipp abseits der ausgetretenen Pfade. Durch die Nähe zum Island in the Sky District des Canyonlands National Park, der wirklich spektakuläre Aussichten besonders zu Sonnenuntergang zu bieten hat, statten viele Besucher dem Dead Horse Point State Park nur eine Stippvisite ab. Der Dead Horse Point ist dabei der Ort, die die überwiegende Mehrheit die europäischen Besucher anzieht. So

Ungehinderter Blick in den wunderschönen Canyon

reihen sich zum Sonnenuntergang Fotografen und Naturliebhaber eng aneinander, um erstaunt zu beobachten, wie die Sandsteinwüste ihr rotes Gewand um den malerisch gewundenen Colorado anlegt. Von den Besucherströmen fast gänzlich unbemerkt, sind jedoch sogar selbst die relativ kurzen, unbekannteren Trails des Parks ein Garant für eine nahezu ungestörte Atmosphäre während dieses beeindruckenden Naturschauspiels.

Am Big Horn Overlook bietet sich ein ungehinderter Blick auf den tief unten liegenden Shafer Canyon und eine freistehende Felsformation, die an ein Paar Dickhornschafe erinnert, die hier ihren Lebensraum haben. Die imposanten Tiere, Überlebenskünstler in der Wüste, sind meist am Tage nicht auszumachen, sondern vorzugsweise in den frühen Abendstunden zu beobachten.

Vom Besucherzentrum oder dem Kayenta Campground führt ein knapp zwei Kilometer langer Trail an den westlichen Rim des gigantischen Sandstein-Plateaus, auf dem der Park thront. Die Wanderung ist weitestgehend eben und rudimentär markiert. An vielen Stellen der Wanderung bietet sich die Chance, an der

Fesselnder Ausblick

steil abbrechenden Hangkante einen Moment zu verweilen und die großartige Aussicht zu genießen. Auf der gegenüberliegenden Seite, noch hinter dem Shafer Canyon, ist das östliche Ende des Canyonlands National Park in circa fünf Kilometern Entfernung auszumachen. Der Rim ist mit Bäumen und Sträuchern bewachsen und an eigentlich allen Stellen frei zugänglich, eine Absperrung ist nicht vorhanden. Bei der verständlichen Euphorie über die tollen Fotomotive ist aber die notwendige Vorsicht geboten. Der Sandstein kann direkt an der Kante schon porös und brüchig sein. Sollten vor dem Besuch einige Regenschauer über das Land gezogen sein, so bieten einige flache Potholes auch an diesem Ort wunderschöne Reflexionen des roten Sandsteins und sich langsam verfärbenden Abendhimmels.

Trotz der Lage innerhalb des Parks, der relativen Nähe zum Besucherzentrum und des dort ansässigen Campingplatzes kommt auf der Wanderung zum Big Horn Overlook schnell der Eindruck auf, dass es sich um eine Wanderung fernab jeglicher Zivilisation handelt. Umso einzigartiger ist das Erlebnis. Zumal von diesem Punkt des Parks der Blick nach Westen fast ungehindert möglich ist, was

den Sonnenuntergang noch eine Spur schöner wirken lässt als am gut besuchten Dead Horse Point.

Wanderfreudige Besucher können den Hike zum Big Horn Overlook zudem mit einem Besuch an dem etwas weiter südlich liegenden Rim Overlook verbinden. Dieser befindet sich nur rund 800 Meter westlich des Kayenta Campground. Es empfiehlt sich dann, zuerst den Rim Overlook anzusteuern und von hier dem Trail entlang der Abbruchkante bis zum Big Horn Overlook zu folgen.

INFO

Lage: Im Dead Horse Point State Park, 40 Min. nordöstlich von Moab, UT. GPS: Parkplatz 38.488699, -109.736125, Big Horn Overlook 38.496381, -109.747592, Rim Overlook 38.488569, -109.749490.

Wanderung: leicht, Länge: ca. 4,5 Kilometer (Rundweg)

Websites:

- *stateparks.utah.gov/parks/dead-horse*
- *nps.gov/cany/index.htm*

23. Corona Arch und Bowtie Arch: Moabs schönste Felsbögen

Während sich im nahe gelegenen Arches National Park beizeiten die Autos wie eine Blechlawine aneinanderreihen und kein Foto mehr möglich ist, ohne dass andere Touristen durch das Bild laufen, kann hier trotz der Nähe zu Moab einer der größten Steinbögen der USA in aller Ruhe genossen werden.

Imposanter Corona Arch

Um das durch die Gezeiten geformte Steinwunder auch wirklich so ungestört in Augenschein zu nehmen, empfiehlt sich ein Besuch am frühen Morgen – auch wegen der steigenden Temperaturen, denn der Trail liegt ab zehn Uhr vollständig in der Sonne.

Der Weg führt zu Beginn ein kurzes Stück bergauf. Der offizielle Startpunkt der Wanderung ist eine kleine Informationstafel. Kaum ist sie passiert, kreuzt der Wanderweg die Potash Railroad, auf

der 30 Jahre lang Kaliumcarbonat aus den nahe gelegenen Abbaugebieten zur Interstate 70 transportiert wurde. Ab hier ist das typische Trailbild des Südwestens zu erkennen: Große und kleine Steinmännchen säumen den rotsandigen, staubigen Weg, begleitet von zahlreichen kleinen Kakteen am Wegesrand. Es gibt keine Schwierigkeiten, sich unterwegs zurechtzufinden.

Der Untergrund wechselt von Sand auf blanken Stein. Dem Weg folgend, geht es erst seitlich auf einer schmalen Trittfläche balancierend an einer Felswand vorbei und im Anschluss auf ein kleines Plateau hinauf.

Halt bieten die in den Stein geschlagenen Ketten und beim Aufstieg mehrere in den Fels geformte Trittstufen. Die letzte Hürde

Bow Tie Arch

ist eine fest installierte Leiter, die sich ohne Probleme passieren lässt. All diese Abschnitte können auch Besucher ohne Kletterkenntnisse meistern.

Ab hier sind die beiden fast nebeneinanderliegenden Arches wirklich gut zu erkennen. Der Bowtie Arch zeichnet sich durch ein riesiges Loch in der oberen Felsdecke aus (ein typischer Pothole Arch). Der gigantische Corona Arch wird wegen seiner Abmessungen und Form (Breite 43 Meter und Höhe 32 Meter) auch Little Rainbow Bridge genannt, angelehnt an die 82 Meter lange Rainbow Bridge am Lake Powell. Im Vergleich hierzu ist der bekannte 20 Meter hohe Delicate Arch im nahe gelegenen Nationalpark gerade zu klein.

Erst direkt unter dem Corona Arch lässt sich das wahre Ausmaß dieses Giganten erfassen. Er wirkt scheinbar riesig. Waghalsige Extremsportler haben vor ein paar Jahren genau an diesem Ort die weltgrößte Schaukel gebaut und sind dabei durch den Steinbogen geschwungen. Ein Abenteuer, das auch schon jemand mit seinem Leben bezahlt hat.

Rechtzeitig aufgestanden, schiebt sich jetzt langsam die Sonne hinter der Felskante hervor und blitzt durch den Arch hindurch. Von hier aus geht es entweder über einen kleinen Umweg zum nahe gelegenen Pinto Arch oder über denselben Trail wieder zum Parkplatz zurück.

INFO

Lage: Am Colorado River 27 Kilometer westlich von Moab, UT. GPS: Trailhead 38.574778, -109.632481, Corona Arch 38.579957, -109.620117, Bowtie Arch 38.582992, -109.621434

Wanderung: leicht-moderat, Länge: ca. drei Kilometer (Rundweg)

Websites:

- *nps.gov/arch/index.htm*
- *discovermoab.com*
- *visittheusa.de/destination/moab*

24. Delta Pool: Wanderung wie auf dem Mond

Der Delta Pool trägt seinen Namen nicht ohne Grund: In dem wie ein Dreieck geformten Sandstein sammelt sich nach Regenfällen das Wasser und reflektiert malerisch die umliegenden Felsen und den blauen Himmel. Wer zur richtigen Zeit diese Wanderung antritt, darf sich über den gigantischen Ausblick vom Delta Pool aus freuen.

Mehrere beeindruckend große Monolithen aus rotem Sandstein zeichnen sich klar von dem ansonsten recht flachen Land ab. Aus der Ferne wirken die Büsche und Bäume zwischen ihnen wie kleine grüne Farbtupfer. Im grünblau des wie ein Dreieck geformten Pools spiegeln sich nur knapp vor der Abbruchkante des Plateaus die vorbeiziehenden Wolken.

Im Südwesten ist Moab als Stadt der spektakulären Aussichten und gigantischen Felsbögen bekannt. Die beiden Nationalparks Arches und Canyonlands prägen mit Attraktionen wie dem Delicate Arch oder Mesa Arch das Bild der Region. Aber auch abseits der

Aussicht auf Moabs Sandsteingiganten

beiden so berühmten Nationalparks hält Moab wirklich Sehenswertes bereit.

Zwischen den beiden Parks, nur circa 20 Kilometer nordwestlich von Moab und in unmittelbarer Nähe zum Highway US-191, befindet sich am südlichen Ende eines unbenannten Plateaus der Delta Pool. Durch seine tiefe Lage liegt er weite Teile des Tages im Halbschatten und führt daher auch bei anhaltender Trockenheit noch lange nach dem letzten kräftigen Schauer Regenwasser.

Die kurze, aber anstrengende Wanderung führt vom Parkplatz für 1,6 Kilometer in südsüdöstlicher Richtung auf und über das deutlich zu erkennende Plateau linker Hand des weiteren Straßenverlaufes der Mill Canyon Road. Circa 120 Meter vor Erreichen der Südspitze des Plateaus ändert sich der Felsboden deutlich erkennbar von einer annähernd ebenen und hellen, rau strukturierten Gesteinsdecke zu glatt geschliffenem roten Sandstein mit feinen Linienzügen. Mit ein wenig Glück sind mehrere Pools gefüllt – jedoch keiner so fotogen gelegen wie der knapp 15 Meter lange Delta Pool.

Delta Pool

Fast noch spektakulärer als der Pool ist jedoch der fast 270-Grad-Rundblick von dem bei Insidern inoffiziell als Pool Mesa bekannten Plateau. Die bei Kletterern sehr beliebten Merrimac Butte und Monitor Butte sind in südlicher Richtung in nur knapp vier Kilometer Entfernung sehr gut zu erkennen. Ebenso scheinen die Felsformationen Determination Towers und Courthouse Rock gefühlt nur eine Armlänge entfernt zu sein.

Zwar ist der Delta Pool nicht über einen gekennzeichneten Trail zu erreichen, aber der Parkplatz des in der Nähe gelegenen Dinosaur Bone Trail bietet dennoch eine geeignete Möglichkeit, das Auto für die Dauer der Wanderung abzustellen. Von der US-191 kommend, ist er nach knapp drei Kilometern rechter Hand auf der Mill Creek Canyon Road gut auszumachen. Im weiteren Verlauf führt die Schotterstraße durch die Ebene südlich der Pool Mesa bis zum Fuße des Merrimac Butte und bietet so eine Möglichkeit, die beeindruckenden Felsformationen aus nächster Nähe zu betrachten.

INFO

Lage: Im Osten Utahs, ca. 20 Kilometer nordwestlich von Moab. GPS: Parkplatz 38.712373, -109.739512, Delta Pool 38.700188, -109.733956.

Wanderung: moderat-schwierig, Länge: ab 3,5 Kilometer, je nach Entdeckungslust.

Websites:

- *nps.gov/arch/index.htm*
- *nps.gov/cany/index.htm*
- *discovermoab.com*

Hinweise:

- Es ist kein ausgeschilderter oder befestigter Trail vorhanden. Aufgrund des teilweise unwegsamen Geländes ist es nicht immer leicht, sich zu orientieren. Kompass oder GPS sind zur besseren Orientierung empfehlenswert.
- Die Wanderung liegt exponiert in der Sonne, es ist kein Schatten spendender Bewuchs vorhanden.

25. Onion Creek Narrows: Knöcheltief waten durch Moabs Schluchten

Die Schritte über den sandigen Untergrund hallen durch den einsamen Canyon, die Schuhe sind nass vom Wasser des Onion Creek, der sich mal als Rinnsal und mal etwas breiter durch die Schlucht windet. Dieser Trail ist ein aufregendes kleines Abenteuer und eine hochwillkommene Abwechslung in Moab.

Moab ist berühmt für die kleinen wie großen Felsbögen: die Arches, die Wind und Wetter über Jahrtausende in die Sandsteinfelsen gekerbt haben. Allein der gleichnamige Nationalpark fasst mehr als 2000 dieser Bögen in unterschiedlichen Größen.

Durch den Sandstein geschlängelt

Die einst so beschauliche Wüstenstadt am Colorado River expandierte im Angesicht der einzigartigen Natur in der Umgebung über die vergangenen Dekaden schnell. So schnell, dass es an manchen Tagen in den bekannten Naturschutzgebieten der Region schon einmal eng werden kann. Eine Wanderung in die Onion Creek Narrows ist die ideale Outdoor-Aktivität für genau diese Tage, an denen der Besucher den Touristenströmen entkommen möchte.

Bereits 24 Kilometer nordöstlich des Stadtzentrums beginnt das

Lehmiger Untergrund des Flussbettes

Inmitten des Canyons

unvergessliche Abenteuer schon mit der Anfahrt zu den Narrows. Kurz nach Verlassen des Utah State Highway 128 auf die Dirt Road, die im weiteren Verlauf bis in das Fisher Valley führt, wird noch ein Campingplatz passiert, bevor der Onion Creek das erste Mal überquert werden muss. Je nach Wasserstand gilt es, den Fluss mehr als 20 Mal zu durchfahren. Den Wagen abwechselnd auf der staubigen Piste geschickt durch die Sandsteinlandschaft und dann wieder durch den im Regelfall nicht mehr als 30 Zentimeter Wasser führenden Fluss zu steuern, bereitet auch relativ ungeübten Offroad-Fahrern schnell Freude.

Nach gut zehn Kilometern kündigen sich die Narrows langsam durch in die Höhe wachsende Felswände an. An einer der zahlreichen sicheren Parkmöglichkeiten lohnt es sich, das Auto abzustellen. Ab hier kann zu Fuß die weitere Erkundung des Canyons in Angriff genommen werden. Es gibt zwar keinen offiziellen Wanderweg, dies ist aber im Flussbett selbst auch nicht notwendig. Es geht einfach flussaufwärts und damit zielsicher tiefer in den Canyon.

Umgeben von teilweise über hundert Meter hohen Felswänden erstrecken sich die Narrows über eine Länge von rund 1,5 Kilometer bis sich die Landschaft wieder öffnet. An zahlreichen Stellen muss der Fluss bei der Wanderung im Canyon überquert werden. Dies ist gerade im Sommer eine erfrischende Abwechslung.

Die rechts und links des Weges zu bewundernden Sandsteinformationen wirken wie aus einer anderen Welt. Erosionen haben die relativ weichen Felsen in bizarr-schroffe Skulpturen verwandelt. Die kontrastreiche Kombination von fließendem Wasser, Sandstein und Sonnenschein entfaltet unbestreitbar eine besondere Anziehungskraft, die im Onion Creek gleichermaßen einfach wie abwechslungsreich erlebt werden kann.

Und auch wenn die Felswände an einigen Stellen bis auf mehrere Meter aneinanderrücken, so kann maximal von einer Engstelle, jedoch nicht von einer Klamm oder einem Slot Canyon gesprochen werden. Dennoch ist eine Wanderung entlang des Onion Creek definitiv empfehlenswert. Und selbst im Hochsommer zur Mittagszeit spenden die Canyonwände bereitwillig Schatten und versprechen Ruhe von den Touristenströmen Moabs.

INFO

Lage: 30 Min. nordöstlich von Moab, UT, im Grand County, nahe der UT-128. GPS: Abzweigung von der UT-128 (State Route) 38.724187, -109.355448, Beginn Narrows 38.699104, -109.283886.

Wanderung: leicht, Länge: ca. drei Kilometer

Website: *visitutah.com/things-to-do/hiking/moab-hiking*

Hinweise:

- Bitte vor Abfahrt Informationen über den Straßenzustand einholen.
- Bei hohem Wasserstand und Strömungsgeschwindigkeit den Fluss nicht mit dem Fahrzeug queren.
- Nicht im trockenen Flussbett parken, hierfür höher gelegene Areale wählen.

26. Fisher Towers: Wo zerklüftete Sandsteinzinnen den blauen Himmel durchschneiden

Kletterer schwingen sich in schwindelerregender Höhe die letzten Meter die imposante Sandstein-Finne hinauf, während das Sonnenlicht die Szenerie mit ihrer warmen Farbstimmung verzaubert und der Wind die farbenfrohen Blütenmeere vor dem roten Sandstein tanzen lässt. Die Fisher Towers sind ein wunderschönes Naturerlebnis in Moab, das in dem Städtchen im Osten Utahs für etwas Abwechslung auf dem Tagesplan sorgt.

Frühlingsblumen vor den zerklüfteten Sandsteinzinnen

Bereits die Anfahrt hierher ist ein wahres Highlight. Die State Road 128 windet sich am Fuße der engen Schlucht nordostwärts aus Moab und dem Spanish Valley ins nahe gelegene Castle Valley. Der Colorado River hat diese Schneise in Jahrtausende langer Arbeit in den Felsen gewaschen und leitet die Straße noch heute um jede Biegung. Der kurvenreiche Streckenverlauf und gigantische Sandsteinwände zu beiden Seiten der Straße sorgen für einen stetig neuen Ausblick und atemberaubende Panoramen in den Spiegelungen des Flusses. Glücklicherweise bieten sich auf der knapp 40 Kilometer langen Fahrt viele Möglichkeiten

für ausgedehnte Stopps auf Hin- oder Rückfahrt zu den Fisher Towers.

Spätestens mit Verlassen der Hauptstraße sind nun auch die gigantisch hohen Finnen erkennbar, die der Wanderung ihren Namen geben. Die Fisher Towers Road verbindet die UT-128 über eine drei Kilometer lange Schotterpiste mit dem Parkplatz des Trails. Von hier lässt sich mit einer bis zu sieben Kilometer langen Wanderung (Hin und- Rückweg) eine enorme Vielfalt an Sandsteinformationen erleben. Wie aus rotsandigem Felsen gemeißelt, sind jedoch die Zinnen, auch Tower genannt, das imposante Highlight der Tour. Die Kombination aus weichem Sandstein und starken Regenfällen lässt die Oberflächenstruktur der Felsen aussehen wie die Überbleibsel einer großen Tropfsteinhöhle.

Imposante Höhe

Die Finnen, deren größter Vertreter – der Titan – stolze 300 Meter Höhe misst, erstrecken sich entlang der südwestlichen Kante eines Steilhang-Plateaus. Der Trail verläuft südwärts und endet an einem Aussichtspunkt, der nicht nur einen spektakulären Blick auf die Towers, sondern auch auf das sich hier ausbreitende Fisher Valley und den Onion Creek gewährt. Jedoch ist bereits während der

Wanderung die Landschaft so beeindruckend und facettenreich, sodass es nicht zwangsläufig notwendig ist, den Trail bis zum Ende zu gehen. Der Streckenverlauf bietet viele verschiedene Blickwinkel auf die schöne umliegende Landschaft. Und auch der fotogene Titan lässt sich bereits spätestens nach dem Umwandern der zweiten Finne fotografisch gut in Szene setzen. Hierbei bilden die La Sal Mountains, die in der Region um Moab immerwährend den Horizont zieren, das i-Tüpfelchen der interessanten Landschaft. Zur richtigen Jahreszeit schaffen bunte Blüten entlang des Weges einen grandiosen Kontrast zu dem Rot der Felsen und dem Blau des Himmels. Ein besonderes Farbspektakel ist die Wanderung frühmorgens oder abends, wenn die tiefen Rottöne in allen Schattierungen geradewegs leuchten und das harsche Sonnenlicht nicht die feinen Kontraste der Felsen schluckt.

Der Titan erfreut sich nicht nur bei Fotografen, sondern auch bei Kletterern großer Beliebtheit. Für Laien und Kletterfreunde ist es gleichermaßen beeindruckend, wie sich die abenteueraffinen Sportler die senkrechte Felswand hinauf arbeiten.

INFO

Lage: 40 Min. nordöstlich von Moab, UT, im Grand County, nahe der UT-128. GPS: Abzweigung von der UT-128 (State Route) 38.724187, -109.355448, Trailhead 38.724853, -109.308933, Titan 38.717045, -109.299850.

Wanderung: moderat, Länge: ca. sieben Kilometer

Websites:

- *discovermoab.com*
- *visitutah.com/things-to-do/hiking/moab-hiking/fisher-towers*

Hinweise:

- Die Landschaft bietet kaum Schutz vor der kräftig scheinenden Nachmittagssonne. Eine Wanderung zu dieser Tageszeit sollte vor allem in den extrem heißen Sommermonaten wohl überlegt sein.
- Die schönsten Farben zeigen sich in der „Goldenen Stunde" kurz vor Sonnenuntergang.

Utah: Der Süden

Yellow Rock

Utah: Der Süden

27. Cascade Falls und Dixie National Forest: Der Weg ist das Ziel
28. Sand Cave: Die Höhle, die niemand kennt
29. Willis Creek: Wanderung durch schwarz-goldene Canyonwände
30. Cottonwood Canyon Road: Schönste Dirt Road durch das Grand Staircase-Escalante National Monument
31. Yellow Rock: Gelber Felsgigant aus Navajo-Sandstein
32. Buckskin Gulch: Der wohl eindrucksvollste Slot Canyon des Südwestens
33. Alstrom Point: Kontrastreicher Ausblick auf den Lake Powell

Greenville
Beaver
Junction
Circleville
Antimony
Teasdale
Grover
15
89
Wheatgrass
Boulder
Parowan
UTAH
Panguitch
Escalante
Lake View Resort
Bryce Canyon City
12
Hatch
Tropic
Bryce Canyon National Park
27
89
29
30
Grand Staircase-Escalante National Monument
Long Valley Junction
Alton
31
Orderville
Skutumpah
Paria
28
30
33
Johnson
89
32
Big Water
Kanab
Lake Powell
Fredonia
Wahweap
Page
ARIZONA
Kaibab
Marble Canyon
89
Bitter Springs / Dích'íító
Cane
0
30 km

27. CASCADE FALLS UND DIXIE NATIONAL FOREST: DER WEG IST DAS ZIEL

„Land of Many Uses" – der Slogan des US Forest Service verheißt bereits eine Vielseitigkeit, an der es dem Dixie National Forest wirklich nicht mangelt. Das 8000 Quadratkilometer große Schutzgebiet in Utah umfasst Ländereien in Höhenlagen von 800 bis 3500 Metern, hunderte kleiner Seen, viele Canyons, wunderschön-bizarre Sandsteinformationen und natürlich dichte Wälder. Die klimatischen Extreme des Schutzgebietes reichen von trockener Wüste mit Temperaturen von bis zu 40 Grad Celsius im Sommer bis Regionen in hohen Berglagen mit bis zu minus 30 Grad Celsius im Winter.

Hoodoos säumen den Waldrand

Im Cedar City Ranger District, einem dieser insgesamt vier Bereiche des Gebietes, das im Kern seit Anfang der 1900er-Jahre unter dem Schutz des Forest Service steht, liegt mit dem Cedar Breaks National Monument das nach eigener Angabe bestgehütete Geheimnis Utahs. Dieses als Nationaldenkmal geschützte Gebiet erinnert beim ersten Anblick sehr an den geologisch vergleichbaren Bryce Canyon National Park. Felsnadeln aus erodiertem Sandsteinfelsen säumen in halbrunder Form die Hangabbrüche eines 3000 Meter hohen Felsplateaus. Zwar resultiert aus den vorherrschenden Witterungsbedingungen die Sperrung der einzigen Straße des Schutzgebietes von Anfang November bis Mitte Mai, dennoch ist der Dixie National Forest aber auch zu dieser Zeit wirklich eine Reise wert.

Rund um das 300-Einwohner-Örtchen Duck Creek gibt es eine Vielzahl an Trails, Seen und Flüsse, die nur darauf warten, erkundet zu werden. Der mit Abstand größte See in der Region, die bei Amerikanern als Outdoor-Campingdestination beliebt ist, ist der Navajo Lake. Das durch Schmelzwasser gespeiste Reservoir wurde ursprünglich durch einen Damm aus erkalteter Lava gestaut und besitzt keinen Zu- oder Ablauf durch einen Fluss. Durch das unterirdische, poröse Lavagestein ist eine Vielzahl an Höhlen und Kanälen entstanden, sodass das Wasser aus dem See durch einen natürlichen Abfluss am Grund des Sees entrinnt und als Fluss unterirdisch abfließt. Annähernd drei Kilometer weiter sprudelt der Fluss als Wasserfall, wie aus dem Nichts, wieder an die Oberfläche und ergießt sich über einen stufigen Felsabhang in einen Zufluss des Virgin River.

Cedar Breaks National Monument

Jedoch macht nicht nur dieser spezielle Wasserfall eine Wanderung zu den Cascade Falls zu einem lohnenswerten Erlebnis. Während des knapp zwei Kilometer langen Hikes durch einen weitestgehend unberührten Waldabschnitt mit hohem, dichtem Baumbestand bietet sich auch ein spektakulärer Blick auf die selben charakteristischen geologischen Formationen, die auch das Cedar Breaks National Monument kennzeichnen.

Sogar der circa 35 Kilometer entfernte Zion National Park lässt sich bei klaren Wetterverhältnissen am Horizont ausmachen. Die Sicht während der Wanderung toppt ehrlicherweise das eigentliche Ziel – den Wasserfall.

Mit der nur kurzen Strecke, die zu Fuß zurückzulegen ist, und einer nur circa 5,5 Kilometer langen Anfahrt über eine Schotterstraße, ist die Wanderung zu den Cascade Falls wahrlich eine gelungene und kurzweilige Unternehmung.

INFO

Lage:

- Cedar Breaks National Monument: 20 Kilometer östlich von Cedar City in Brian Head an der Kreuzung der State Routes UT-143 und UT-148.
- Cascade Falls Trailhead: 35 Kilometer südöstlich von Cedar City und sieben Kilometer südwestlich von Duck Creek am Ende der Straße FR-54. GPS: Cascade Falls Trailhead 37.497458, -112.751316, Cascade Falls 37.502073, -112.756989.

Wanderung: leicht, Länge: zwei Kilometer (Rundweg)

Websites:

- *fs.usda.gov/dixie*
- *fs.usda.gov/recarea/dixie/recarea/?recid=24898*
- *nps.gov/cebr/index.htm*

Hinweis: Bitte vor Abfahrt Informationen über den Straßenzustand einholen.

28. Sand Cave: Die Höhle, die niemand kennt

Der blaue Himmel Utahs lässt sich kaum besser betrachten als eingerahmt von leuchtend orangeroten Felswänden, die eine jahrhundertealte Geschichte erzählen könnten. Und auch der Entdeckergeist wird kaum an einem anderen Ort so sehr geweckt wie in der farbenprächtigen Sandsteinhöhle, die noch fast vollkommen unentdeckt scheint. Aus Kanab im Südwesten Utahs führt der Anfahrtsweg für etwa zehn Kilometer auf der US-89 nach Norden. Die Höhle befindet sich genau zwischen zwei weiteren Highlights des Region: der Best Friends Animal Sanctuary und der Moqui Cave.

Die Sand Cave (auch Moqui Caverns genannt) gehört eindeutig nicht zu der Moqui Cave, auch wenn dies immer wieder vermutet wird. Das Auto kann auf der linken Straßenseite in der Parkbucht geparkt werden. Die Wanderung zu der Höhle ist nur ein kurzer, leichter Hike. Die größte „Schwierigkeit" besteht darin, am Anfang der Strecke nicht den falschen Weg (direkt auf die Höhle zu) einzuschlagen. Die Wanderung beginnt rechter Hand durch einen kleinen Wash, so lange bis der erste Felsvorsprung erreicht ist. Diesen gilt es zu erklimmen und dann im 90-Grad-Winkel nach rechts abzubiegen. Auf dem Rim, entlang den orangefarbenen mit roten Linien durchzogenen Sandsteinfelsen, geht es geradewegs auf den Höhleneingang zu. Je nach Empfinden und Trittsicherheit kann ein anderer Weg wenige Meter höher am Berg gewählt werden, wenn es zu steil wird. Bald ist der Eingang der Höhle schon gut erkennbar.

Sobald die Öffnung der Felswand betreten ist, wechselt der Untergrund zu tiefem Sand. Vom „Haupteingang" aus befinden sich auf der rechten Seite zwei weitere kleinere Höhlenöffnungen, aus denen der Blick über die traumhafte Umgebung schweifen kann. Im hinteren Teil der Höhle fehlt jegliches Licht, was den Entdeckergeist anregt. Einziger Wermutstropfen: Beim Blick über die Felswände weicht die Illusion der unberührten Natur der Realität von zahlreichen Besuchern, die sich mit Graffiti im Sandstein verewigt haben.

Im Inneren der Sand Cave

Das nahe gelegene Tierheim der Best Friends Animal Society widmet sich der Bekämpfung von Obdachlosigkeit von Tieren und verfolgt eine strikte „No-Kill"-Strategie. Die Organisation, die in den 1980er-Jahren in Kanab gegründet wurde, weitete ihre Standorte über die gesamte USA aus. In Kanab besteht für Reisende aber nicht nur die Möglichkeit eines Besuchs. Wer etwas Gutes tun möchte oder besonders tierlieb ist, kann hier sogar Freiwilligendienst leisten und den hauptamtlichen Tierrettern bei der Versorgung ihrer Schützlinge unter die Arme greifen. Neben den zu den erwartenden Tieren wie Hunden und Katzen sind aber auch Esel, Schweine oder Pferde anzutreffen.

Die ebenfalls nahe gelegene Moqui Cave ist eine weitere durch Erosion geformte Sandsteinhöhle, die ursprünglich von den heimischen Anasazi zum Lagern von Lebensmitteln und als Unterschlupf genutzt wurde. Die Höhle gliedert sich in drei „Räume". Lange Zeit blieb die Höhle unentdeckt, bis sie während der Prohibition in den 1920er-Jahren Siedlern die Möglichkeit bot, versteckt illegal Alkohol zu sich zu nehmen. 1951 kaufte die Familie Cham-

Von der Straße aus gut erkennbar

berlain die Höhle und eröffnete eine Kneipe inklusive Tanzfläche. Die Bar ist zwar noch vorhanden, ein Getränkeausschank findet aber nicht mehr statt. Seit die Höhle zu den Touristenattraktionen zählt, befindet sich hier auch ein Museum.

Spannende Gesteinszeichnungen auf dem Weg

INFO

Lage: Im Kane County, im Südwesten Utahs, ca. 90 Kilometer (Luftlinie) östlich von St. George. GPS: Parkbucht Sand Cave 37.119442, -112.563974. Sand Cave 37.116456, -112.560282, Moqui Cave 37.120863, -112.563406.

Wanderung: leicht, Länge: 1,2 Kilometer (Rundweg)

Websites:

- *bestfriends.org*
- *moqui-cave.com*
- *visitsouthernutah.com/Kanab*

Hinweis: Im kühlen Schatten der Höhle können sich im Tiefsand der Höhle Skorpione oder andere Tiere befinden, daher unbedingt geschlossenes Schuhwerk tragen.

29. Willis Creek: Wanderung durch schwarz-goldene Canyonwände

Enge Felswände und gewundenen Steinstrukturen: Das Grand Staircase-Escalante National Monument ist berühmt für seine einzigartig engen Steinschluchten. Wahrscheinlich lässt sich in keinem Slot Canyon die besondere Welt dieser engen Felsspalten so einfach und mühelos erleben wie im Willis Creek. Er ist ein Erlebnis für alle Altersklassen und Fitnessgrade!

Viele der im Südwesten so typischen Slot Canyons lassen sich entweder nur durch eine stundenlange Wanderung oder das direkte Abseilen auf den Boden der Schlucht erreichen. Die Willis Creek Narrows hingegen sind einfach zu erreichen und dennoch spektakulär schön. Sie liegen nahe dem bekannten Utah State Highway 12 zwischen Bryce und Escalante. Genauer gesagt findet sich die Felsklamm an der Skutumpah Road, deren offizielle Bezeichnung BLM 500 ist. Durch die unmittelbare Nähe zum Bryce Canyon National Park und dem Kodachrome Basin State Park ist eine Wanderung im Willis Creek eine ideale Ergänzung für einen gelungenen Tag in der Region. Durch die Schatten spendenden Felswände bietet sich eine Wanderung auch in der Mittagszeit in den heißen Sommermonaten an.

Eng zusammenstehende Felswände ...

Die Skutumpah Road wird von vielen Einheimischen als direkte Abkürzung zwischen Bryce und der US-89 bei Kanab genutzt. Die lehmige Schotterstraße verläuft zwar dem hügeligen Höhenprofil des Grand Staircase folgend auf der Nord-Südachse, doch ist sie deutlich weniger spektakulär als die etwas weiter östlich fast parallel verlaufende Cottonwood Canyon Road.

... und nasse Füße sind garantiert.

Wundervoll geschliffener Sandstein

Eine unbeschwerte Anfahrt ist bei trockenen Witterungsverhältnissen für fast alle Pkw aus nördlicher Richtung über den Ort Cannonville möglich. Lediglich 14 Kilometer südlich von Cannonville, zehn Kilometer davon auf der unbefestigten BLM 500, liegt der Ausgangspunkt für die kurze Wanderung. Das Durchfahren des Yellow Creek Wash direkt nach dem Abbiegen auf die BLM 500 markiert gewissermaßen die Einfahrt in das Grand Staircase-Escalante National Monument. Der Parkplatz und Ausgangspunkt für die Wanderung im Canyon liegen an der Stelle, an welcher der Willis Creek den Straßenverlauf der BLM 500 kreuzt.

Nach persönlichem Belieben kann die Länge des Hikes frei variieren, da es auf direktem Weg vom Parkplatz in die Schlucht und genauso auch wieder hinaus geht.

Bereits gleich zu Beginn der Wanderung fließt der Willis Creek minimal über einige Steinstufen hinab. Von hier folgt die Wanderung direkt im Flussbett des Willis Creek, der im Regelfall nur wenige Zentimeter Wasser führt. Dennoch sind nasse Füße mit großer Wahrscheinlichkeit Teil des Wanderprogramms. Zuerst sind die Sandsteinwände des Canyons nicht viel mehr als einige Zentimeter hoch, wachsen jedoch stetig an. Nach knapp einem Kilometer stehen die Canyonwände bereits näher zusammen und lassen eine tiefere Schlucht entstehen. An dieser Stelle wartet ein kleiner Wasserfall, der sich mit einem Rauschen bereits deutlich vorher gut hörbar ankündigt. Dieser kann bequem an der rechten Flussseite umgangen werden, bis wenig später eine rund einen Meter hohe Stufe wieder in den Canyon hinab führt.

In der Folge wechseln sich enge, klammartige Passagen mit etwas weiteren ab. Insgesamt warten im Flussverlauf drei Narrows mit wunderschön wellig weich geschliffenem Navajo-Sandstein und Felswänden von über 30 Meter Höhe auf den Besucher. Die schönsten Anblicke bieten sich bereits nach gut zwei Kilometern, sodass ab hier ohne schlechtes Gewissen der Rückweg angetreten werden kann.

INFO

Lage: In der Nähe von Cannonville, an der UT-12 zwischen Bryce Canyon National Park und Escalante. GPS: 37.481550, -112.096136.

Wanderung: leicht, Länge: ab vier Kilometer

Websites:

- *visitutah.com/things-to-do/slot-canyons/willis-creek-narrows/*
- *blm.gov/visit/cannonville-visitor-center*
- *blm.gov/programs/national-conservation-lands/utah/grand-staircase-escalante-national-monument*
- *nps.gov/brca/index.htm*
- *stateparks.utah.gov/parks/kodachrome-basin*

Hinweise:

- Bitte vor Abfahrt Informationen über den Straßenzustand im Besucherzentrum in Cannonville einholen.
- Vor jeder Wanderung in Slot Canyons den aktuellen Wetterbericht prüfen. Bei einer Regenvorhersage nicht in den Canyon steigen; bei einsetzendem Regen sofort und schnellstmöglich aus dem Canyon hinausgehen und höher gelegene Gebiete aufsuchen.

30. COTTONWOOD CANYON ROAD: SCHÖNSTE DIRT ROAD DURCH DAS GRAND STAIRCASE-ESCALANTE NATIONAL MONUMENT

Hinter dem Auto erhebt sich eine rote Staubwolke beim Tritt auf das Gaspedal. Während der Fahrt auf der wohl beeindruckendsten Dirt Road des Südwestens ist sie der ständige Begleiter im Rückspiegel. Ursprünglich, vielfältig und traumhaft schön verzaubert die Natur rechts und links der circa 75 Kilometer langen Schotterpiste Reisende bei der Tour durch das Grand Staircase-Escalante National Monument.

Nur selten ist schon allein die Fahrt auf einer offiziellen Straße ein echtes Highlight in der Natur. Zugegebenermaßen ist eine „offi-

Beeindruckende Felslandschaft

zielle Straße" im Südwesten der USA nicht immer ein Garant für gut gepflegte Asphaltstrecken.

Die Fahrbahn der Road 400, so der offizielle Name der Straße, besteht größtenteils aus weichem Lehmboden. Schon ein paar Regentropfen reichen aus – und sicheres Fahren ist selbst für Offroad-Fahrzeuge absolut undenkbar. Bei trockenem Wetter hingegen ist die Strecke für die meisten Pkw problemlos befahrbar. Besucher, die die Cottonwood Canyon Road erkunden, werden mit wunderschöner Natur und dem einzigartigen Freiheitsgefühl des Südwestens der USA belohnt.

Die Cottonwood Canyon Road führt von der US-89 zwischen Page und Kanab bis zum Utah State Highway 12 zwischen Bryce und

Berg- und Talfahrt auf der Cottonwood Canyon Road

Escalante – und verläuft dabei durch einen landschaftlich überaus interessanten Teil des Schutzgebietes. Entlang des Cockscomb (Hahnenkamm) folgt die Straße der topografischen Grenze zwischen dem Grand Staircase und dem Kaiparowits Plateau. Durch geologische Verschiebungen türmen sich hier die Felsen gleich einem Hahnenkamm zerklüftet in die Höhe. An vielen Stellen lassen sich die eindrucksvollen Felsformationen aus rotem, weißem und gelbem Sandstein aus der Nähe bestaunen. Es lohnt sich, das Auto also einmal abzustellen und zu Fuß auf Erkundungstour zu gehen, bevor sich das Landschaftsbild kurz vor Erreichen des südlichen Endpunktes der Strecke zu eher kargen Badlands wandelt. Der rot-lehmige Boden weicht hier einem Schotterbelag aus eher gräulichem Ocker – nicht weniger imposant, aber dennoch farblich nur durch vereinzelt blühende Blumenwiesen aufgelockert.

Zahlreiche Highlights reihen sich entlang der Cottonwood Canyon Road aneinander. Jedes für sich ein eigenes Naturspektakel, das darauf wartet, bestaunt zu werden. Vom Kodachrome Basin State

Park im Norden bis zu den Toadstool Hoodoos im Süden halten der Grosvenor Arch, die Cottonwood Narrows, der Hackberry Canyon oder der Yellow Rock eine jeweils einzigartige Sandsteinlandschaft mit ganz besonderen Charakteristika bereit.

INFO

Lage: In Süd-Utah im Grand Staircase-Escalante National Monument. GPS: Nördlicher Zugang 37.501541, -111.993584, südlicher Zugang 37.105056, -111.846857.

Websites:

- *blm.gov/learn/interpretive-centers/GSENM_VisitorCenters*
- *blm.gov/programs/national-conservation-lands/utah/grand-staircase-escalante-national-monument*

Hinweise:

- Unbedingt vor Fahrtantritt die aktuellen Straßenverhältnisse in einem der Besucherzentren des Bureau of Land Management (BLM) erfragen.
- Entlang der Strecke gibt es keine offiziellen Einrichtungen oder sonstige Infrastruktur.
- Handyempfang ist je nach Netz nicht entlang der gesamten Strecke gegeben.
- Für den Fall einer Panne ausreichend Wasser und Lebensmittel für ein paar Tage mitführen.
- Nur mit vollem Tank aufbrechen.

31. YELLOW ROCK: GELBER FELSGIGANT AUS NAVAJO-SANDSTEIN

Im Grand Staircase-Escalante National Monument verbergen sich gleich mehrere Highlights des Südwestens, die es nicht in die Routenplanung vieler Reisender schaffen. Der Yellow Rock ist ein wirklich imposantes Beispiel, wie schön und zugleich unwirklich diese wenig bekannte Region eigentlich ist.

Im Jahr 2018 wurden politische Diskussionen laut, das Naturschutzgebiet zugunsten wirtschaftlich nutzbarer Flächen empfindlich zu verkleinern. Zwar bisher nicht endgültig beschieden, schwebt dieser Entschluss wie ein Damoklesschwert über der Region. Um in das abgelegene Naturschutzgebiet vorzudringen, führt der Weg über die landschaftlich hoch interessante Cottonwood Canyon Road – eine der mit Abstand schönsten Dirt Roads des Südwestens (siehe Tipp 30). Ungefähr 50 Kilometer südlich von Cannonville oder 25 Kilometer nördlich der Abzweigung von

Beeindruckende Felslandschaft

der US-89 liegt der Trailhead des Yellow Rock. Abhängig davon, ob die Zufahrt von Norden oder Süden erfolgt, liegen auf dem Weg noch weitere Highlights wie der Kodachrome State Park, der Grosvenor Arch oder zahlreiche überwältigend schöne Passagen, die einen kurzen oder längeren Zwischenstopp lohnen.

Die Wanderung zum Yellow Rock beginnt mit einer Querung des je nach Wasserstand einige Meter breiten Cottonwood Creek und einem sich anschließenden, circa 250 Meter hohen, teils sehr steilen Aufstieg. Der Untergrund aus Geröll erschwert an einigen Stellen das flotte Vorankommen.

Ist das erste Plateau erklommen, ist der gut 1000 Meter lange riesige Felshügel, der den Namen Yellow Rock nur inoffiziell trägt, auch endlich gut sichtbar: gelb, riesig und wie aus einer anderen Welt. Eine einzigartige Sandsteinkuppel, die ihrem Namen wirklich alle Ehre macht. Mit unterschiedlichen Gelbschattierungen und einer prägnanten Linien- und Wabenstruktur zieht der Yellow

Rock seine Besucher schnell in den Bann. Klassischerweise ist der in dem Gebiet weit verbreitete Navajo-Sandstein durch Eisenoxid orange-rötlich eingefärbt. Limonit lässt den Navajo-Sandstein am Yellow Rock jedoch in seiner markant gelben Farbe regelrecht erstrahlen.

Eine Erkundungstour auf dem Yellow Rock ist besonders am Vormittag, gegen Abend oder in den weniger heißen Jahreszeiten zu empfehlen. Schatten spendende Bäume oder Felsen sind hier eine echte Seltenheit. Zudem reflektiert die relativ glatte Oberfläche des Felsens die Sonne und sorgt so dafür, dass die gefühlten Temperaturen die wirklichen um einiges übersteigen. Sollte es jedoch ein paar Tage zuvor geregnet haben, erzeugen Wasserreste in den Potholes genannten Auswaschungen für spannende Reflexionen. Es gibt hier einiges zu entdecken, und die Zeit vergeht wie im Flug.

Ein Wanderparadies

Ist später der zugegebenermaßen schwerfallende Entschluss gefasst und die Rückreise angetreten, wird der mühselige Abstieg mit einem tollen Blick von oben auf den Cockscomb belohnt. Diese wirklich eindrücklich nach oben aufgetürmte Felsformation ist beim Aufeinandertreffen zweier geologischer Platten entstanden und begleitet die Cottonwood Canyon Road weite Teile entlang des Straßenverlaufs.

Nur wenige hundert Meter weiter nördlich des Trailheads liegt der Ausgangspunkt für die Wanderung in den Lower Hackberry Canyon. Nach Lust und Laune kann hier nach Belieben weit im Flussbett des Hackberry Creek gewandert werden. Unabhängig davon, ob der Fluss gerade Wasser führt oder ausgetrocknet ist, bietet sich rechts wie links des Weges eine einladend schöne Landschaft mit saftig grünen Bäumen und interessant geformten Wänden des Canyons.

INFO

Lage: In Süd-Utah, nahe der Grenze zu Arizona im südlichen Teil des Grand Staircase-Escalante National Monument an der Cottonwood Canyon Road. GPS: Abzweigung US-89 auf Cottonwood Canyon Road 37.105007, -111.846864, Trailhead Yellow Rock 37.253960, -111.910141, Yellow Rock 37.258378, -111.921968, Trailhead Lower Hackberry Canyon 37.256765, -111.908915.

Wanderung: moderat-schwierig, Länge: ab ca. drei Kilometer

Website:

- *blm.gov/visit/grand-staircase-escalante-national-monument*

Hinweise:

- Die Cottonwood Canyon Road ist eine Schotterstraße, die in unregelmäßigen Abständen geebnet wird. Bei Regen und Nässe ist die Straße teilweise tagelang nicht befahrbar. Vor Fahrtantritt ist es für die eigene Sicherheit unerlässlich, aktuelle Informationen zu den Straßenverhältnissen einzuholen.
- Für den Hike lohnen sich Wanderstöcke, um den Auf- und Abstieg auf dem Geröll zu erleichtern.

32. Buckskin Gulch: Der wohl eindrucksvollste Slot Canyon des Südwestens

Im Grenzgebiet zwischen Utah und Arizona liegt der vielleicht bedeutendste Slot Canyon der Region. Mit einer Länge von mehr als 20 Kilometern und teilweise über 150 Meter hohen Felswänden ist der Buckskin Gulch einer der größten Canyons dieser Art weltweit.

Einer der bedeutendsten Slot Canyons

Der Antelope Canyon bei Page steht geradezu schon musterhaft für die malerisch gewundenen, engen Felsschluchten der USA. Und auch wenn andere Canyons eventuell eine geringfügig schönere Farbzeichnung bereithalten oder wiederum andere etwas enger zusammenstehende Felswände bieten, so ist doch der Buckskin Gulch ein wirklicher Superlativ.

Mit einer Länge von etwas über 20 Kilometern bietet der Canyon für alle sportlichen Ambitionen die richtige Portion Bewegung – von einer Halbtages-Tour bis zu einer mehrtägigen Backpacking-Tour.

Der Buckskin Gulch ist Teil der Paria Canyon-Vermilion Cliffs Wilderness Area. Die Felsformation Coyote Buttes North – auch the Wave genannt – hat die Vermilion Cliffs bekannt gemacht. Sollte es mit einer der begehrten Genehmigungen (den sogenannten Permits) für eine Wanderung zur Wave nicht klappen, ist ein Hike in den Buckskin Gulch eine mehr als überzeugende Alternative.

Engstelle im Canyon

Die beste Möglichkeit, eine circa drei- bis sechsstündige Wanderung im Canyon zu beginnen, ist der Wire Pass Trailhead, 14 Kilometer tief in den Vermilion Cliffs an der House Rock Valley Road gelegen. Diese Schotterstraße verbindet die von Page nach Kanab verlaufende US-89 mit der knapp 50 Kilometer südlich parallel verlaufenden US-89A. Bei trockenem Wetter ist die Straße, die in unregelmäßigen Abständen geebnet wird, für die meisten Pkw befahrbar. Der bereits nach gut sieben Kilometern erreichte Buckskin Gulch Trailhead bietet für eher kurze Wanderungen im Canyon keinen empfehlenswerten Startpunkt, da der wirklich spannende Teil des Canyons erst später beginnt.

Die ersten drei Kilometer des nur feldmäßig gekennzeichneten Wanderweges verlaufen entlang des meistens ausgetrockneten Flussbetts der Wire Pass Narrows, bis diese in den – auch meist trockenen – Buckskin Gulch münden. Zu diesem Zeitpunkt sind die Felswände rechts und links des Flussbettes schon mächtig

Geschichtenerzähler

hoch und erzeugen, den Windungen des Flusses folgend, dieses ganz spezielle Slot-Canyon-Flair. Nur wenige Meter hinter dieser Einmündung, dem Buckskin Gulch nach Osten folgend, sind auch einige indigene Zeichnungen an den Felswänden zu finden – sogenannte Petroglyphen.

Nach Lust und Laune folgen noch weitere 15 Kilometer Wanderung durch den engen und tiefen Canyon, bis der Buckskin Gulch quasi an der Staatsgrenze zwischen Utah und Arizona in den Paria River mündet.

INFO

Lage: In Süd-Utah an der House Rock Valley Road im äußerst südlichen Bereich des Grand Staircase-Escalante National Monument. GPS: Abzweigung von US-89 37.126253, -111.976723, Parkplatz 37.019093, -112.024882, Einmündung Wire Pass/Buckskin Gulch 37.019758, -112.002799.

Wanderung: schwierig, Länge: drei bis 30 Kilometer

Websites:

- *visitutah.com/things-to-do/Slot-Canyons/Buckskin-Gulch*
- *blm.gov/visit/buckskin-gulch*

Hinweise:

- Vor Fahrtantritt in den Besucherzentren des BLM nach den aktuellen Straßenverhältnissen erkundigen. Bei nasser Fahrbahn ist ein Allrad-Fahrzeug notwendig.
- Zu Beginn der Wanderung ist ein vier Meter tiefer Absatz in den Canyon zu überwinden. Meistens ist dort eine Abstiegshilfe angebracht. Wurde diese durch das Wetter weggeschwemmt, nicht dort absteigen, sondern rechts über die Felskuppe wandern und einige Meter später einfach in den Canyon absteigen.
- Vor jeder Wanderung in Slot Canyons den aktuellen Wetterbericht prüfen. Bei einer Regen-Vorhersage nicht in den Canyon steigen; bei einsetzendem Regen sofort und schnellstmöglich aus dem Canyon hinausgehen und höher gelegene Gebiete aufsuchen.

33. ALSTROM POINT: KONTRASTREICHER AUSBLICK AUF DEN LAKE POWELL

Wie eine Fata Morgana wirkt der Blick von der schroffen Felskante hinab auf das türkisfarbene bis tiefblaue Wasser, das kleine Inseln und riesige Felsvorsprünge aus rotem Sandstein umspielt. Sehnsuchtsorte gibt es viele im Südwesten – einige davon, durchaus schwer erreichbar, müssen sich Reisende quasi erarbeiten. So auch beim Alstrom Point. Was aber am Ende der fordernden 40 Kilometer abseits des Highways den Besucher erwartet, ist schlichtweg der beste Ausblick auf den Lake Powell.

Beeindruckender Blick vom Alstrom Point

Das Abenteuer für Allradfahrer beginnt 28 Kilometer westlich von Page an der US-89 in dem Örtchen Big Water. Von hier aus folgen 40 überaus spannende Kilometer bis zu dem Punkt, von dem der zerklüftete Uferverlauf des ab 1963 durch Stauung des Colorado River entstandenen Sees in seiner vollen Pracht zu bewundern ist. Die satten Farben und hohen Kontraste wirken fast schon wie ein Gemälde.

Besonders die ersten Kilometer wirken für erfahrene Dirt Road-Fahrer eher unspektakulär – zumindest was die Anforderung an das fahrerische Können betrifft. Landschaftlich trumpft die Strecke von Anfang an auf. Was als klassische Schotterpiste beginnt, wandelt

sich innerhalb weniger Kilometer in beeindruckende Badlands. Wie Landschaften auf einem weit entfernten Planeten überrascht das Panorama links und rechts der Straße durch sanfte Hügel und schroffe Felsen aus grauschwarzem Sandstein. Skurril und ebenso wunderschön!

Nur wenige Kilometer weiter wandelt sich die Natur wiederum, und der graue Sand wird durch orangefarbenen Lehmboden abgelöst, welcher im weiteren Verlauf mürbem Sand weichen wird. Je nach Witterungsbedingungen der vorherigen Tage sind die größten Hürden bis hierher tatsächlich nur ein paar zumeist ausgetrocknete Flüsse und einige Tiefsandpassagen, die es zu queren beziehungsweise zu durchfahren gilt.

Tiefblaues Wasser trifft roten Sandstein.

Die letzten sieben Kilometer haben es aber in sich – denn jetzt geht es ohne erkennbare Straße und auf felsigem Untergrund weiter. Hin und wieder weist ein kleines Steinmännchen am Straßenrand auf vorherige Besucher hin. Diese aber als verlässliche Wegweiser in einer so gleichfarbigen Landschaft wahrzunehmen, ist nur schwer möglich. Der Untergrund ist geprägt von losem Geröll und teilweise erheblichen Absätzen, sodass es manchmal notwendig sein kann, besonders kniffelige Passagen zuerst zu Fuß zu erkunden und störende felsige Hindernisse aus dem Weg zu räumen, um dann den am besten geeigneten Weg für das Auto zu wählen.

Im Schritttempo geht es den GPS-Koordinaten in Richtung der nächsten Wegpunkte nach. Aber irgendwann ist es geschafft, und es wird schnell klar, wie sehr sich die Mühen gelohnt haben. Selbst zu der ansonsten wenig fotogenen Mittagszeit ist das Panorama einzigartig. Und auch wenn der Lake Powell von hier nicht direkt zu erreichen ist, so zieht der Anblick des zweitgrößten Stausees der USA jeden Betrachter in seinen Bann.

Auf dem Weg zum Alstrom Point zeigt sich die Tücke solcher außergewöhnlichen Sehnsuchtsorte im besonderen Maße. Wichtig ist, dass auch abenteuerwillige Besucher im Fall der Fälle erkennen, wann es nicht mehr weitergeht – auch wenn das erwartete Naturschauspiel noch so verlockend ist. Die Strecke verlangt nicht nur von den Fahrern einiges, auch für die Fahrzeuge ist es ein Härtetest. Je nach Wetterlage herrschen auf den Felsplatten deutlich über 40 Grad Celsius.

Für Besucher, die ihrem Mietfahrzeug den Trip, auch aufgrund der vertraglichen Situation, nicht zumuten wollen, besteht in Page die Möglichkeit, besonders Offroad-geeignete Fahrzeuge zu mieten. Ebenso werden geführte Touren zu diesem einmaligen Naturerlebnis angeboten.

INFO

Lage: Am Lake Powell in Süd-Utah, nur rund 20 Kilometer Luftlinie nördlich von Page, AZ. GPS: 37.059142, -111.364509.

Websites:

- *alstrompoint.com*
- *visitpagelakepowell.com*
- *carlsadventurerentals.com*

Hinweise:

- Bei der Schotterpiste zum Aussichtspunkt handelt sich um eine nur sehr unregelmäßig befahrene Strecke.
- Das Mitführen von ausreichend Wasser und Lebensmitteln wird dringend empfohlen.

Utah: Im Südwesten

Snow Canyon State Park

Utah: Im Südwesten

34. Pine Park: Bizarre Farben und Formen in absoluter Abgeschiedenheit
35. Snow Canyon State Park: Vielseitiges Highlight vor den Toren der Stadt
36. Scout Cave: Auf den Spuren der Späher
37. Yellow Knolls: Wanderung wie auf Bienenwaben
38. Candy Cliffs: Orange Zuckerberge von Utah
39. Red Cliffs Recreation Area: Rote Felsen, Wasserfälle, blauer Himmel
40. Sand Hollow State Park: Am roten Strand von Utah
41. Gooseberry Mesa: Einmal Mars und zurück
42. Water Canyon: Unberührte Wildnis zwischen Zion und Vermillion Cliffs

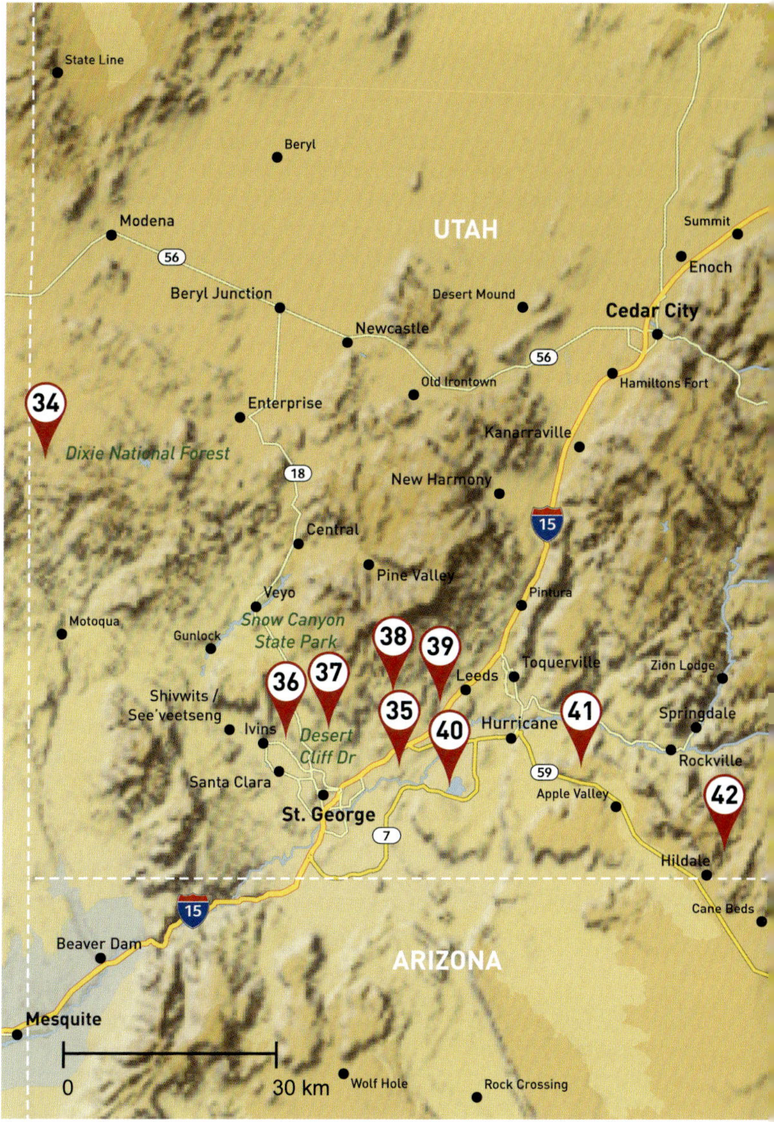
State Line
Beryl
UTAH
Modena
56
Summit
Enoch
Beryl Junction
Desert Mound
Cedar City
Newcastle
56
Old Irontown
Hamiltons Fort
34
Enterprise
Dixie National Forest
Kanarraville
18
New Harmony
15
Central
Pine Valley
Veyo
Pintura
Motoqua
Snow Canyon State Park
Gunlock
38
39
36
37
Leeds
Toquerville
Zion Lodge
Shivwits / See'veetseng
35
41
Springdale
Ivins
Desert Cliff Dr
40
Hurricane
Rockville
59
Santa Clara
42
Apple Valley
St. George
7
Hildale
Cane Beds
15
Beaver Dam
ARIZONA
Mesquite
0
30 km
Wolf Hole
Rock Crossing

34. Pine Park: Bizarre Farben und Formen in absoluter Abgeschiedenheit

Die tiefgrünen Kiefern heben sich kontrastreich von dem Wunderland aus schneeweißen Steinpyramiden ab. Weitgehend unbekannt, lädt dieses Juwel im Dixie National Forest dazu ein, die einzigartige Landschaft vulkanischen Ursprungs zu entdecken. Zweifelsohne ist Pine Park ein Juwel im Südwesten der USA, das seinesgleichen sucht.

Pine Park findet in klassischen Reiseführen keinen Platz. Und auch in Karten und Tourenplanungen versierter USA-Reisender ist dieser Ort meistens nicht verzeichnet. Nur wenige Kilometer von der Staatsgrenze zwischen Utah und Nevada, circa zwei Autostunden nordwestlich von St. George, liegt dieser sehr besondere Ort vulkanischen Ursprungs.

Und auch wenn der Name etwas anderes vermuten lässt: Pine Park ist kein Park (im Sinne eines Nationalparks o. ä.) und liegt ohne nennenswerte Infrastruktur abseits jeglicher Zivilisation. Es gab zwar einen Campingplatz, dieser hat jedoch bereits vor Jahren offiziell den Betrieb eingestellt.

Charakteristisch für Pine Park sind leuchtend weiße Sandsteinpyramiden und -nadeln, die sich vorzugsweise entlang der Hangkanten der sanft hügeligen Landschaft finden. Wobei es sich streng genommen nicht um Sandstein handelt, sondern um vulkanischen Tuff, also Aschereste, die sich hier bis zu 300 Meter hoch abgelagert haben. In jahrtausendelanger Arbeit hat die Natur hier durch natürliche Verwitterungsprozesse langsam die bizarren Formen aus dem Fels geschliffen.

Vereinzelt wachsen in den versteinerten Aschebergen Ponderosa Pines (Gelb-Kiefern) – mit ihrer sattgrünen Krone wirken sie vor dem weißen Hintergrund, als seien sie auf eine Leinwand gemalt. Komplettiert wird diese einzigartige Komposition durch den tiefblauen Himmel des südwestlichen Utah.

Schneeweiße Aschehügel

Kiefern sorgen für farbliche Abwechslung.

Die White Rocks Road führt als einzige Straße durch das Gebiet, entlang der hochinteressanten Punkte, bis sie in einer Sackgasse am alten Campingplatz endet. Erkunden lässt sich das Gebiet am besten mit dem Auto sowie bei einer kurzen Wanderung. Die Straße bietet viele Möglichkeiten, das Auto zwischendurch in sogenannten Turn-Outs abzustellen und kurze Abstecher zu Fuß in die beeindruckende Landschaft zu unternehmen. Alternativ kann das Gebiet auch über eine lange Wanderung mit Start- und Endpunkt am Campingplatz erkundet werden.

Kenner des Südwestens fühlen sich beim ersten Anblick der Felsformationen eventuell an die Kasha-Katuwe Tent Rocks in New Mexico erinnert. Jedoch wirkt der etwas leichter zugängliche Pine Park, der im Inneren eines rund 15 mal 30 Kilometer großen abgesackten Kraters liegt, deutlich weitläufiger, und die Felsen sind noch eine Spur weißer.

Pine Park ist ein wirkliches Juwel in Utah! Die Schönheit der dort aufeinandertreffenden surrealen Formen und Farben ist überwältigend. Besucher sollten jedoch keine Scheu vor Fahrten auf Schotterstraßen haben. Gemessen bis zu dem alten Campingplatz sind die letzten 20 Kilometer der zurückzulegenden Fahrstrecke eine Dirt Road, die nur in unregelmäßigen Abständen durch den Forest Service befestigt wird.

Panoramablick auf Pine Park

INFO

Lage: 40 Kilometer südwestlich von Enterprise, 110 Kilometer nordwestlich von St. George. GPS: Aussichtspunkt 37.524977, -114.028525.

Websites:

- *fs.usda.gov/dixie*
- *hikercentral.com/campgrounds/118194.html*

Hinweise: Der Belag der Schotterpiste ist teilweise recht weich. Informationen zu den Straßenverhältnissen und Karten können im Büro des Forest Service in Cedar City (1789 North Wedgewood Lane) oder in der Besucherinformation in St. George (345 East Riverside) bezogen werden.

35. Snow Canyon State Park: Vielseitiges Highlight vor den Toren der Stadt

Leuchtend orange versteinerte Sanddünen, immer wieder durchzogen von dunklem Gestein und ehemaliger Lava konkurrieren mit den umliegenden rotbraunen zerklüfteten Felsen um die Blicke der Besucher. Dieser Park ist ein Paradies für Hiker und Naturliebhaber gleichermaßen.

Bei einem State Park liegt die Vermutung nahe, dass sich dieser Ort nicht unbedingt abseits der ausgetretenen Pfade befindet. Jedoch, neben den fünf großen Nationalparks und einigen weltbekannten State Parks in Utah, steht der Snow Canyon State Park in der Besuchergunst nicht an erster Stelle – allerdings völlig unbegründet, denn er ist wahrlich ein Geheimtipp.

Der 30 Quadratkilometer große Park im Red Cliffs Desert Reserve ist von einem Netz von mehr als 25 Kilometer Wanderwegen durchzogen. Besucher können auf diesen Trails nicht nur versteinerte Lavaströme bewundern, sondern auch auf bis zu 800 Meter hohe, versteinerte Sanddünen klettern. Mit besonders viel Glück läuft Wanderern hier auch die vom Aussterben bedrohte Wüstenschildkröte über den Weg. Diese scheinen sich hier sehr wohl zu fühlen. Keine Überraschung – ist es doch eines der erklärten Ziele des Parks, diese bedrohte Tierart zu schützen.

Stein-Pyramiden weisen den Weg.

Der Snow Canyon State Park beherbergt Pflanzen, die sonst nirgends in Utah zu finden sind. Zahlreiche Tiere wie Kojoten und Schlangen sind hier keine Seltenheit. Kaum verwunderlich also, dass in dieser traumhaften Kulisse Hollywood-Filme wie „Butch

Unterwegs auf versteinerten Sanddünen

Cassidy and the Sundance Kid" gedreht wurden. Ursprünglich trug das Gebiet den Namen Dixie State Park. Später wurde dieser aber nach den berühmten Pionieren Lorenzo und Erastus Snow umbenannt. Bereits seit 1958 gilt das Gebiet offiziell als State Park.

Für Outdoor-Liebhaber bietet der Park vielseitige Aktivitäten, beispielsweise wandern, mountainbiking oder Camping. Besonders nennenswert ist der fast fünf Kilometer lange, asphaltierte Rundweg, der nicht nur von Wanderern oder Radfahrern genutzt wird, sondern auch Rollstuhlfahrern ermöglicht, die Gegend genauer in Augenschein zu nehmen.

Das erste Highlight wartet gleich nach der Einfahrt in den Park aus südlicher Richtung. Der Jennys Canyon besticht durch seine farbenprächtigen und zu den Seiten hoch aufragenden gelb gefärbten Sandsteinwände, die den Besucher sprachlos machen. Der nur 700 Meter kurze Rundweg ist besonders für Familien mit Kleinkindern gut geeignet.

Kalkweißer Sandstein am Amphitheater

Allein die Fahrt zur nächsten Wanderung ist so schön, dass der Blick zu jeder Seite ein wahres Highlight ist. Schroffe orangefarbene Felsen in unterschiedlichsten Farbschattierungen sättigen die Landschaft so sehr, dass sich das Auge kaum abwenden kann.

Um die für den Park so charakteristischen versteinerten Sanddünen zu erkunden, bietet sich der Petrified Dunes Trail an. Der Hike beginnt am Snow Canyon Drive, gegenüber den Picknickplätzen Upper und Lower Galoots. Der Besucher wandert über den Navajo-Sandstein, und ihn erwartet auf der Spitze des Berges ein unfassbares Panorama über die umliegende Landschaft. Der Wanderweg kreuzt weitere Pfade – und wer noch mehr sehen möchte, kann ab hier den Three Ponds Trail oder zum Hidden Pinyon Overlook weiterlaufen.

Kurz vor Verlassen des Parks befindet sich eine weitere Sehenswürdigkeit mit geologischer Geschichte beim Whiterocks Amphitheater. Die recht kurze Wanderung führt durch die typische Flora mit zahlreichen Kakteen, Yuccapflanzen und Wüstenbeifuß. Das natürliche Amphitheater ist schon von Weitem mit bloßem Auge zu erkennen. Kalkweiße, in den blauen Himmel ragende versteinerte Sanddünen formen hier einen Kessel von beeindruckenden Ausmaßen.

INFO

Lage: Im äußersten Südwesten Utahs, unmittelbar nördlich von St. George, UT, im Red Cliffs Desert Reserve.

Websites:

- *stateparks.utah.gov/parks/snow-canyon/discover*
- *greaterzion.com/outfitters/snow-canyon-state-park*
- *blm.gov/programs/national-conservation-lands/utah/red-cliffs-nca*
- *albertaparks.ca/parks/central/pierre-greys-lakes-pp*

Hinweis: Bei einer Begegnung mit einer Wüstenschildkröte das Tier nicht erschrecken, sondern ausreichend Abstand halten.

36. Scout Cave: Auf den Spuren der Späher

Es braucht nicht viel Vorstellungskraft, um zu verstehen, warum diese indianischen Höhlen frei übersetzt „Späher-Höhlen" heißen. Direkt in eine steile Felswand eingelassen, in im Süden Utahs so typischerweise vorherrschenden Navajo-Sandstein, sind sie einerseits schwer auszumachen und eröffnen andererseits ein weites Sichtfeld. Nur wenige Kilometer außerhalb von St. George bieten diese Höhlen einen grandiosen Ausblick über die angrenzende Szenerie der Landschaft rund um die Städte Ivins und Santa Clara.

Viele der in der Region zu bestaunenden Naturschönheiten liegen im Red Cliffs Desert Reserve. Dies ist gewissermaßen ein lokaler Dachverband, der viele kleine Naturschutzzonen in der Region zusammenführt. Gegründet aus der Überlegung, dass bei häufig wechselnden Verwaltungszuständigkeiten die empfindliche Flora und Fauna mit vielen bedrohten Tierarten und einzigartigen Landschaften weniger effektiv geschützt werden kann.

Riesige Öffnung im Fels

Auch die Scout Cave liegt in diesem Schutzgebiet, etwas außerhalb des Snow Canyon State Park. Es gibt einige Startpunkte für diese rund 4,5 Kilometer lange Wanderung. Am komfortabelsten ist der Parkplatz des relativ bekannten Johnson Canyon Trail. Und obwohl die Wanderung in den Canyon aus Artenschutzgründen halbjährig (vom 15. März bis 31. Oktober) gesperrt ist, kann der Parkplatz jederzeit frei genutzt werden. Er grenzt unmittelbar an den Park, jedoch außerhalb der gebührenpflichtigen Zone.

Die ersten Schritte des Wanderwegs führen gemeinsam über ein schroffes dunkles ehemaliges Lavafeld, bevor der Johnson Canyon nach links abzweigt. Nach einem guten Drittel der Strecke geht es hinab in einen Wash und weiter entlang des ausgetrockneten Flussbettes, bis dieses direkt auf ein schmales Plateau zuläuft, auf dem sich eine kleine Wohnsiedlung befindet. Hier gilt es dem Verlauf des inzwischen sehr sandigen Weges nach links zu folgen. Mittlerweile sind die schroffen, dunklen Lavasteine nicht mehr dominierend, der Untergrund hat sich zu eher losem Sand gewandelt. Im nun folgenden letzten Abschnitt des Weges gilt es, den Höhenunterschied nach und nach zu überwinden. Und bald sind die Höhlen auch schon gut in dem orangeroten Sandstein auszumachen. Nur ist es schwer vorstellbar, dass es wirklich so weit nach oben gehen soll. Angekommen auf einem kleinen Sims, teilt sich der Weg in drei Richtungen und führt in die verschiedenen Höhlen hinauf. Die wohl eindrucksvollste Höhle befindet sich geradeaus. Je nach Lust und Laune lohnt sich auch eine kleine Entdeckungstour nach rechts und links. Die letzten 20 bis 30 Meter ist jedoch etwas Trittsicherheit gefragt, es geht über Stock und Stein steil hinauf in die erste Höhle.

Ein paar Schritte in die Höhle hineingegangen, ist der Blick, der sich von hier aus bietet, wahrlich fantastisch. Wie ein Passepartout rahmt der Sandstein das sehenswerte Panorama ein. Ein Ausblick, in dem sich die Augen verlieren. Und ein idealer Ort für einen Moment des Verweilens oder einige tolle Fotoaufnahmen.

INFO

Lage: Im Red Cliffs Desert Reserve im Südwesten Utahs, unmittelbar nördlich von St. George, UT. GPS: Parkplatz 37.178141, -113.645420, Höhle 37.168135, -113.629070. Adresse: 1002 Snow Canyon Drive, Ivins.

Wanderung: mittel, Länge: 4,5 Kilometer

Websites:

- *stateparks.utah.gov/parks/snow-canyon/discover*
- *greaterzion.com/outfitters/snow-canyon-state-park*
- *blm.gov/programs/national-conservation-lands/utah/red-cliffs-nca*

37. YELLOW KNOLLS: WANDERUNG WIE AUF BIENENWABEN

Die gelbe Hügellandschaft erstreckt sich soweit das Auge reicht. In unterschiedlichen Farbschattierungen, durchzogen von feinen Linien, die ein schachbrettartiges Wabenmuster formen. Die Yellow Knolls sind traumhaft schön und ein absolutes Muss für jeden, der St. George etwas abseits der Massen entdecken möchte.

Die Stadt im äußersten Südwesten Utahs ist ohnehin ein Eldorado für Naturliebhaber. Ein relativ unbekanntes, aber beeindruckend schönes Wandergebiet sind die Yellow Knolls im Norden der Stadt. Der Name der Region ist dabei bezeichnend: gelbe Hügel. Sie kennzeichnen das Ziel der Wanderung, auf der sich ein wunderschöner kurzer Einblick in die geologische Vielfalt der Region gewinnen lässt.

Wie viele andere erstklassige Naturattraktionen in und um St. George sind die Yellow Knolls im Red Cliffs Desert Reserve

Stacheliger Farbtupfer

Markantes Wabenmuster der Yellow Knolls

zu finden. Das große Landschafts- und Naturschutzgebiet umfasst unter anderem auch die Red Cliffs Recreation Area, die Candy Cliffs und den Snow Canyon State Park.

Die Wanderung selbst führt vom Parkplatz über einen gut sichtbaren Pfad zunächst durch eine etwas unscheinbare Lavasteinlandschaft. Dunkle, schroffe Felsen verteilen sich über eine Wildgraswiese und begleiten den Wanderweg bis an eine Engstelle. Nach circa 1,5 Kilometern markiert sie den südlichen Zugang zu den Yellow Knolls. Kaum ist die Engstelle überwunden und die erste Anhöhe erklommen, wird die bis dahin eher saftig-grüne Vegetation durch die kargen, gelben Hügel abgelöst. Ab hier gibt es keinen festen Trail, den es einzuhalten gilt. Das unwirklich scheinende Gebiet lädt zum freien Erkunden der vielen Details ein. Die Struktur der Felsen und die Beschaffenheit der Landschaft im Hintergrund sind so abwechslungsreich, dass sich bereits nach wenigen weiteren Metern ein neues fesselndes Panorama bietet.

Obwohl die Ausmaße der Yellow Knolls, verglichen mit anderen Wandergebieten im Red Cliffs Desert Reserve, regelrecht winzig sind und sie relativ nah an der städtischen Infrastruktur liegen, kommt hier schnell das Gefühl auf, ganz weit abseits der ausgetretenen Pfade unterwegs zu sein. Gerade einmal drei Kilometer in nordsüdlicher und einen Kilometer in ostwestlicher Ausdehnung braucht es, um an diesem Ort wirkliches Entdecker-Fieber aufkommen zu lassen.

Unwirklich und abgeschieden – trotz der Nähe zur Stadt

Der Hike und auch schon die Anfahrt sind gleichermaßen einfach. Diese erfolgt über den East Red Hills Parkway und die Cottonwood Springs Road. Obwohl die Straße die letzten zwei Meilen nicht mehr asphaltiert ist, stellt die Strecke selbst für Pkw bei trockenen Witterungsverhältnissen absolut kein Problem dar.

INFO

Lage: Im äußersten Südwesten Utahs, im Red Cliffs Desert Reserve, nördlich von St. George, UT. GPS: Trailhead 37.190077, -113.578065, Zugang zu Yellow Knolls 37.201255, -113.574506.

Wanderung: leicht-moderat, Länge: ab ca. vier Kilometer (Rundweg)

Websites:

- *redcliffsdesertreserve.com*
- *stateparks.utah.gov/parks/snow-canyon*
- *hikestgeorge.com/hiking-trails/yellow-knolls-red-cliffs-desert-reserve/*

38. Candy Cliffs: Orange Zuckerberge

Aus der Ferne leuchten die wie weiche Hügel aussehenden Candy Cliffs in allen Varianten, die das Farbspektrum an Rot-, Orange- und Gelbtönen zu bieten hat. Eine einzigartige Bergszenerie, die zum Entdecken einlädt.

Nur gute 15 Kilometer Luftlinie vom Zentrum der Stadt St. George in Utah entfernt, befinden sich die beeindruckenden Candy Cliffs. Auf einer Länge von etwa fünf Kilometern erstrecken sich die atemberaubenden Sandsteinfelsen entlang der südlichen Kante des Felsplateaus Yant Flat.

Perfekt für Naturliebhaber

Von der Abfahrt 22 (beim Ort Leeds) der Interstate 15 ausgehend sind noch 17 geteerte sowie 15 nicht geteerte Kilometer zurückzulegen. Bei trockenem Wetter stellt dies mit etwas Bodenfreiheit des Autos kein Problem dar. Weitere zwei Kilometer gilt es anschließend noch zu Fuß zu bewältigen. Immer entlang an der gut erkennbaren Quad-Strecke Richtung Südsüdost. Der Weg ist gesäumt von kleinen Sträuchern, die mit ihren stacheligen Ästen die Waden streifen – lange Hosenbeine sind hier von Vorteil.

Relativ abrupt enden die dicht mit Kakteen, Bäumen und Büschen bewachsene Landschaft und der Trail. Es eröffnet sich ein Blick auf die karge, aber farbenfrohe Felslandschaft. Es ist

der perfekte Platz, um die Aussicht zu genießen und den Blick schweifen zu lassen.

Eindrucksvoll gefärbte Sandsteinhügel

Der Felsboden weist ein deutlich erkennbares, prägnantes Wabenmuster auf. Dies und die Farben des Sandsteins erinnern aus einiger Entfernung stark an Zuckerwatte und bunte Süßigkeiten. Der Name Candy Cliffs ist hier kein leeres Versprechen: Sie erstrecken sich von der Abbruchkante ungefähr drei Kilometer nach Südwesten. Auf der gesamten Strecke erzeugen die Cliffs einen Höhenunterschied von mehreren hundert Metern und halten im weiteren Verlauf einige kniffelige Passagen bereit.

An manchen Stellen lassen sich die anfänglich nur gut 20 Meter Höhenunterschied zwischen Abbruchkante und den Candy Cliffs jedoch auch für ungeübte Kletterer überwinden. Besonders spannende und auch leichter zugängliche Stellen der Klippen befinden sich vom Trailende circa 500 Meter in Richtung Südwest. Die teilweise recht steilen Hügel laden hier zu einer Entdeckungstour ein. Allerdings reflektieren die unbewachsenen Felsen das Sonnenlicht ungehindert, sodass die Fläche bei steigenden Temperaturen schnell an einen Garofen erinnert.

INFO

Lage: Die Candy Cliffs liegen westlich der I-15 zwischen Leeds und Washington im südwestlichen Zipfel Utahs.
GPS: Trailhead 37.234866, -113.477095, Trailende 37.220522, -113.472759.

Wanderung: moderat, ab vier Kilometer (Rundweg) je nach Erkundungslust

Websites:

- *hikestgeorge.com/hiking-trails/yant-flat-candy-cliffs/*
- *redcliffsdesertreserve.com*

Hinweise:

- Die Schotterstraße sollte nur bei trockenen Straßenkonditionen und mit etwas Bodenfreiheit am Auto befahren werden.
- Ein GPS empfiehlt sich nicht nur für die Anfahrt, sondern auch für die Wanderung.

39. Red Cliffs Recreation Area: Rote Felsen, Wasserfälle, blauer Himmel

Der Trail, umgeben von rotem Sandstein und Kakteen, lädt zu einer kurzen und entspannten Wanderung ein. Highlight jedoch ist unbestreitbar der kleine Wasserfall. Die Red Cliffs Recreation Area ist die perfekte Ergänzung für einen gelungenen Besuch in St. George. Fast ausschließlich bei Einwohnern der Stadt bekannt, erwartet den Besucher an diesem Ort eine sehr entspannte Atmosphäre inmitten fast unberührter, wunderschöner Natur.

Anfänglich ist es etwas verwirrend: Red Cliffs Recreation Area, Red Cliffs Conservation Area und Red Cliffs Desert Reserve sind, obwohl sie alle Red Cliffs im Namen tragen, unterschiedliche Ge-

Kleine Oase nahe der Stadt

Über Stock und Stein durch die Red Cliffs

biete und nicht etwa synonym-verwandte Bezeichnungen ein- und desselben Areals. Die Red Cliffs Recreation Area und die Red Cliff Conservation Areas sind Bundesgebiete, die unter der Verwaltungshoheit des Bureau of Land Management stehen.

Während sich die verhältnismäßig kleine Recreation Area als Ort zur Freizeitgestaltung (Erholung, Picknick, Camping und mehr) versteht, ist die Conservation Area mit 181 Quadratkilometern um ein Vielfaches größer und dem Landschaftsschutz verpflichtet. Beide Gebiete sind wiederum Teil des Red Cliffs Desert Reserve, einem zuständigkeitenübergreifenden Projekt, das die Bemühungen zum Naturschutz verschiedener Träger zusammenführt. Auch der durch den Staat Utah verwaltete Snow Canyon State Park in St. George ist Teil dieses Red Cliffs Desert Reserve.

Die Red Cliffs Recreation Area liegt gut 20 Kilometer nordöstlich des Stadtzentrums von St. George und ist bequem mit dem Auto zu erreichen. Es gibt gerade einmal 50 Parkplätze, die sich Tagesgäste und Besucher des Campingplatzes teilen. Durch die wirklich schöne Landschaft, den idyllisch gelegenen Campground und die gute Erreichbarkeit werden die knappen Parkplätze besonders während der Wochenenden im Frühjahr und Herbst schnell rar. Es

Nach regenreichen Tagen fließt hier ein rauschender Wasserfall.

spricht also vieles für einen Besuch in den Morgen- oder Abendstunden oder außerhalb der Saison.

Vom Parkplatz führt eine nur etwa einen Kilometer lange Wanderung entlang des Flussbetts des Harrisburg Creek zu zwei kleinen Wasserfällen – natürlich abhängig von den Witterungsbedingungen. Dabei trifft der Weg auch auf einige Wasserlöcher. Sind diese zumindest etwas gefüllt, reflektieren sie die wunderschön rot und weiß gezeichneten Sandsteinfelsen gemeinsam mit dem tiefblauen Himmel und formen so einen beeindruckenden Kontrast aus Wasser und Wüste.

Über wenige in den Stein geschlagene Stufen und mithilfe eines dort angebrachten Seils lässt sich der zweite Wasserfall problemlos überwinden. Mit Lust auf weitere Erkundungen warten einige hundert Meter weiter teilweise recht enge Canyonwände. Diese können an weniger steilen Stellen erklommen werden. Obwohl es in diesem Teil der Wanderung keine festen Wanderwege oder gar Beschilderungen gibt, fällt die Orientierung nicht schwer.

INFO

Lage: Im Red Cliffs Desert Reserve, unmittelbar nördlich von St. George, UT. GPS: Red Cliffs Recreation Area 37.222559, -113.403462, erster Wasserfall 37.228134, -113.410526, zweiter Wasserfall 37.229116, -113.412111.

Wanderung: leicht, Länge: ca. ein Kilometer (einfacher Weg)

Website:

- *blm.gov/visit/red-cliffs-recreation-area*
- *greaterzion.com*
- *redcliffsdesertreserve.com*

Hinweis: Das Hinaufklettern der Moki Steps wird meist nicht als sonderlich schwer empfunden, zumal ein fest montiertes Seil Halt spendet. Da der Weg hinter dem Wasserfall jedoch in eine Sackgasse führt, muss für den Rückweg dieselbe Stelle hinabgestiegen werden. Dies gestaltet sich zumeist etwas schwieriger als der Aufstieg.

40. Sand Hollow State Park: Am roten Strand von Utah

Das türkisfarbene Wasser umspielt sanft die roten Sandsteinfelsen. Die kleinen Wellen laufen langsam und leise rauschend am feinsandigen Stand aus. Süd-Utah, das bedeutet einzigartige Sandsteinformationen, Wüste und Wärme. Doch die Region um St. George hält etwas bereit, um eindrucksvoll mit diesem Stereotyp zu brechen. Denn hier befinden sich zwei Seen, die mit ihrem wundervoll blauem Wasser einen interessanten Kontrast zu dem ansonsten hauptsächlich orangesandigen Ambiente setzen.

Gerade einmal fünf Kilometer Luftlinie trennt die beiden künstlichen Seen in unmittelbarer Stadtnähe voneinander. Der geringfügig größere Sand Hollow State Park liegt südlich des Quail Creek State Park. Von europäischen Reisenden geradezu unbemerkt, hat sich der Sand Hollow State Park seit seiner Gründung im Jahr 2003 zu einem der meist besuchten State Parks in Utah entwickelt. Mit feinsandigen Dünen und orangerotem Sandstein könnte er als eine Miniaturmischung aus den Coral Pink Sand Dunes und dem Lake Powell gelten. Im Jahr 2022 erreichte der Park eine Besucheranzahl von fast einer Million und somit kletterte dieser im Ranking auf Platz 1 der State Parks in Utah. Zum Vergleich: Der Goblin Valley State Park erreichte im selben Zeitraum weniger als die Hälfte dieses Besucheraufkommens.

Wie der Name bereits schon verrät, bietet der Sand Hollow neben malerischen, aus dem blauen Wasser herausragenden Sandsteinfelsen auch schöne Sandstrände rund um den See. Am Quail Creek Reservoir hingegen ist der Zugang zum Wasser eher etwas steinig.

Dass beide Parks besonders bei Einheimischen so beliebt sind, liegt an den Möglichkeiten vor Ort. Nur circa 20 Kilometer von St. George entfernt, aber dennoch tief in der Natur, können Besucher hier den klassisch-amerikanischen Wochenend- oder Ferienbeschäftigungen nachgehen. Neben einem Campingplatz und diversen Grill- und Picknickstellen locken die vielfältigen Möglichkeiten der

Sonnenuntergang am Sand Hollow Reservoir

beiden Seen. Mit Motorbooten, Kajaks oder beim Stand-up-Paddeln kommen Wassersportbegeisterte definitiv auf ihre Kosten. Bei maximalen Tiefen von 60 Metern beziehungsweise 30 Metern ist es sogar möglich, bei einem Tauchgang die Unterwasserwelt des Quail Creek oder Sand Hollow Reservoir zu erkunden.

Der Sand Hollow State Park bietet zudem einen im Südwesten der USA sehr beliebten Zeitvertreib an: das Fahren mit Quads und Buggys – den sogenannten OHVs (Off-Highway Vehicles) – im tiefen Sand. Nur circa 5,5 Quadratkilometer des insgesamt gut 61 Quadratkilometer großen Areals nimmt das künstlich aufgestaute Reservoir ein. Die als Fahrbereich ausgewiesenen Sand Mountains nehmen so über 80 Prozent der Parkfläche ein. An Tagen mit hohem Besucheraufkommen kann so leider schon einmal eine wahrnehmbare

Little Lake Powell

Geräuschkulisse entstehen. Je mehr sich der Tag allerdings dem Ende entgegen neigt, umso ruhiger wird es am See. Also ideale Voraussetzungen, um das spektakuläre Farbenschauspiel von einem Strandabschnitt im Osten des Parks zu genießen. Wenn die Sonne sich anschickt hinter den Bergen am Horizont unterzutauchen, hüllt sie den Himmel ein in eine unvorstellbar warme Farbenpracht, die von dem meistens sehr ruhigen Wasser funkelnd reflektiert wird.

Blick von den Dünen auf die Abendsonne

INFO

Lage: Im äußersten Südwesten Utahs, in der Metropolregion von St. George, UT. Adressen: Sand Hollow State Park: 3351 Sand Hollow Road, Hurricane, UT, Quail Creek State Park: 472 5300 W, Hurricane, UT.

Websites:

- *stateparks.utah.gov/parks/sand-hollow*
- *stateparks.utah.gov/parks/quail-creek*
- *greaterzion.com*

41. Gooseberry Mesa: Einmal Mars und zurück

Ein Schritt auf die Gooseberry Mesa, und es könnte der Eindruck entstehen, in einer anderen Welt gelandet zu sein. Über einen Zeitraum von mehr als 240 Millionen Jahren formte die Natur hier eine beeindruckende Landschaft aus rotem Staub, Stein und Pflanzen. Dieses gewaltige Sandsteinplateau nahe dem Zion National Park eröffnet eine fast außerirdische Szenerie – abenteuerlich, wild und beeindruckend.

Am weit entfernten Horizont wird ein Pick-up sichtbar, der auf einer trockenen Schotterstraße seine Staubfahne in den Himmel zeichnet. Dieses winzige Detail scheint das einzige Zeichen von Zivilisation inmitten der weitläufigen Wüstenlandschaft zu sein. Besonders in der Mountainbike-Community wurde diese Region durch den Red Bull Rampage-Wettkampf ein Begriff. Doch nicht nur Biker, auch Wanderer entdecken die vielfältigen Facetten der Gooseberry Mesa für sich.

Magisches Lichtspiel: Sonnenuntergang am Rim der Gooseberry Mesa

Ihr charakteristischer roter Sandstein bildet ein lebhaftes Farbenspiel, das durch unzählige Muster, Rillen und Schichten strukturiert wird. Die Oberfläche der Mesa zeichnet sich durch sanfte Erhebungen, tiefe Schluchten und zerklüftete Felsen aus, die an die Kunstwerke eines Bildhauers erinnern. Besonders beeindruckend sind die ständig wechselnden Formen und Schattierungen,

Panoramablick auf die weite Red Rock-Landschaft von der Gooseberry Mesa

die durch den Lauf der Sonne zum Leben erweckt werden. An manchen Stellen bietet sie Einblicke in tiefe Canyons, an anderen ragt sie als stolze Klippe empor.

Vor Millionen von Jahren entstand dieser beeindruckende Tafelberg durch die Anhebung des Colorado-Plateaus und die darauf folgende Erosion durch Wind und Wasser. Das Ergebnis ist ein faszinierendes Mosaik aus rotem Sandstein, das durch unzählige feine Muster und Strukturen geprägt ist. Gelegen nahe dem berühmten Zion National Park, bietet die Mesa eine einzigartige Kombination aus geologischer und biologischer Vielfalt. Durch ihre Lage auf rund 1500 Meter Höhe herrscht hier ein mildes Klima, das eine Vielzahl von Pflanzen und Tieren beheimatet. Ihre

Mächtige Red Rocks im Abendlicht

unverkennbaren Merkmale und die atemberaubende Aussicht machen sie zu einem wahren Juwel Utahs.

Dank einer Initiative lokaler Behörden in den 1990er-Jahren entstand auf der Mesa ein Netzwerk aus neun Trails, die ursprünglich für technisches Mountainbiken geplant waren. Doch neben diesen Pfaden erstreckt sich ein Labyrinth aus Wanderwegen und Pisten, die auf Entdeckungsreise einladen. Insbesondere die beiden Rim Trails, die sich an den Steilhängen der Mesa entlangziehen, offenbaren faszinierende Blicke und Perspektiven.

Entlang der zahlreichen Dirt Roads offenbaren sich immer wieder spektakuläre Aussichtspunkte und geheime Winkel. Besonders eindrucksvoll gestaltet sich eine Wanderung in der Nähe der Gooseberry Yurts entlang des North Rim. Diese Yurts, von den Zelten mongolischer Nomaden inspiriert, bieten Abenteurern eine unverwechselbare Übernachtungsmöglichkeit inmitten dieser beeindruckenden Landschaft.

Die Anreise zur Mesa ist bei trockenem Wetter meistens recht unkompliziert. Doch Regenfälle oder die Zeit der Schneeschmelze können die Bedingungen schnell verändern und selbst für gut ausgerüstete Fahrzeuge zur Herausforderung machen. Ein Blick auf den aktuellen Wetterbericht und eine Nachfrage beim örtlichen Ranger-Büro zur Straßenlage können hier wertvolle Hinweise liefern und zur eigenen Sicherheit beitragen.

INFO

Lage: Nahe dem Zion National Park in Utah, etwa 25 Kilometer südlich von Hurricane. GPS: 37.142585, -113.180763.

Website: *visitutah.com/Articles/Mission-to-Mars-Riding-Gooseberry-Mesa*

Hinweis: Die Anreise ist bei trockenem Wetter für die meisten Fahrzeuge möglich. Nach Regenfällen oder während der Schneeschmelze wird ein geländegängiges Fahrzeug empfohlen.

42. Water Canyon: Unberührte Wildnis zwischen Zion und Vermillion Cliffs

Der Water Canyon ist ein Ort, der den Atem raubt. Wer hierher kommt, betritt nicht einfach irgendeinen Canyon, sondern ein faszinierendes Naturschauspiel, das aus den Seiten von Reisemagazinen zu stammen scheint. Dabei liegt dieses Wunderwerk der Natur abseits der touristischen Pfade. Während es bei den Einheimischen als kleines Geheimnis bekannt ist, bleibt es für viele Reisende eine unentdeckte Perle.

Gelegen im Grenzgebiet von Utah und Arizona, ist der Water Canyon Trailhead aus Kanab und St. George gleichermaßen gut zu erreichen. Die Anfahrt erfolgt aus dem Süden und ist bereits ein Abenteuer für sich. Die Fahrt über Schotterpisten, umrahmt von imposanten roten Felsformationen, erweckt ein Gefühl von Abenteuerlust und Vorfreude. Ob man nun von St. George oder Kanab startet, der Weg führt über Hildale, eine kleine Gemeinde am Rande Arizonas. Mit dem imposanten Zion National Park im Norden und den atemberaubenden Vermillion Cliffs am Horizont erreicht man nach einigen Meilen auf holpriger Dirt Road den Ausgangspunkt der Wanderung, markiert durch einen kleinen Teich.

Blick auf die imposanten Felswände des Water Canyon

Was diesen Ort besonders macht, ist die Canaan Mountain Wilderness Area, die sich auf einer Fläche von ungefähr der Größe Hannovers erstreckt. Streng geschützt und weitestgehend unberührt, ist sie ein Rückzugsort für alle, die das wahre Gesicht der Natur erleben wollen. Und das Beste: Es gibt keine Notwendigkeit für ein Permit.

Die Wanderung selbst bietet mehrere Optionen: Das Flussbett weist durch sanftes Rauschen den Weg! Besucher können entweder direkt im oder am Flussbett dem Weg des Wassers folgen oder den höher gelegenen Pfad über glatten Sandstein und durch tiefen Sand wählen. Beide Pfade münden schließlich an dem Punkt, an dem der Wasserlauf einen malerischen Wasserfall bildet. Je nach Jahreszeit und Wasserverhältnissen kann dieser von einem tosenden Spektakel bis hin zu einem sanften Tröpfeln variieren.Trotz ihrer relativen Kürze von 6,5 Kilometer für Hin- und Rückweg kann die Tour insbesondere in den tiefsandigen Passagen herausfordernd sein. Doch der Anstrengung wird man durch den Anblick eines Wasserfalls belohnt, der sich – abhängig von der Jahreszeit – unterschiedlich präsentiert. Ein Wasserfall im traditionellen Sinne wäre zwar beeindruckend, doch die vorhandene Szenerie steht dem in nichts nach.

Pfad entlang des sprudelnden Bachlaufs

Die Atmosphäre im Water Canyon ist schlichtweg magisch. Die steil aufragenden Felswände aus rotem Navajo-Sand-

Ein Highlight: der kleine Wasserfall umgeben von roten Felswänden

stein, die wie Finger in den Himmel greifen, kombiniert mit saftig grünen Bäumen, schaffen ein Panorama, das sowohl beeindruckend als auch beruhigend ist. Es ist dieser ständige Kontrast, der den Water Canyon so besonders macht. Die hohen roten Felswände bieten nicht nur Schutz vor der Sonne, sondern auch eine atemberaubende Kulisse, die im Spiel von Licht und Schatten ständig ihre Facetten ändert und damit auch die Farbgebung der Felswände beeinflusst. Jeder Winkel, jede Kurve des Canyons bringt neue Überraschungen mit sich – sei es eine unerwartete Pflanze, die aus dem Felsen wächst, oder ein Tier, das im Schatten Ruhe sucht.

Zum Abschluss des Tages, wenn die Sonne tiefer steht und die Temperaturen angenehmer werden, entfaltet der Water Canyon sein volles Potenzial. Die Farben der Felswände intensivieren sich und bilden einen eindrucksvollen Kontrast zum immer dunkler werdenden Himmel. Ein idealer Moment, um innezuhalten, die Stille zu genießen und dieses unentdeckte Juwel in all seiner Pracht zu würdigen.

Aufmerksamen Besuchern mag nicht entgangen sein, dass Hildale und der Nachbarort Colorado City in Arizona eine bewegte Geschichte haben und lange Zeit als in Verruf geraten galten. In den beiden Gemeinden war vor der Zerschlagung und strafrechtlichen Ahndung einer der letzten Rückzugsorte eines äußerst fundamentalistischen Ablegers der LDS-Kirche, die durch mehrere Dokumentationssendungen einer breiten Öffentlichkeit bekannt wurden. Glücklicherweise ist dieses Kapitel mittlerweile geschlossen und es besteht kein Grund, diese besondere Wanderung auszulassen.

INFO

Lage: In Süd-Utah, im direkten Grenzgebiet zu Arizona, circa 56 Kilometer östlich von St. George. GPS: 37.037826, -112.955122.

Wanderung: moderat, Länge: ca. 6,5 Kilometer (Hin- und Rückweg)

Website: *hikestgeorge.com/hiking-trails/water-canyon*

Utah: Zentrum und Norden

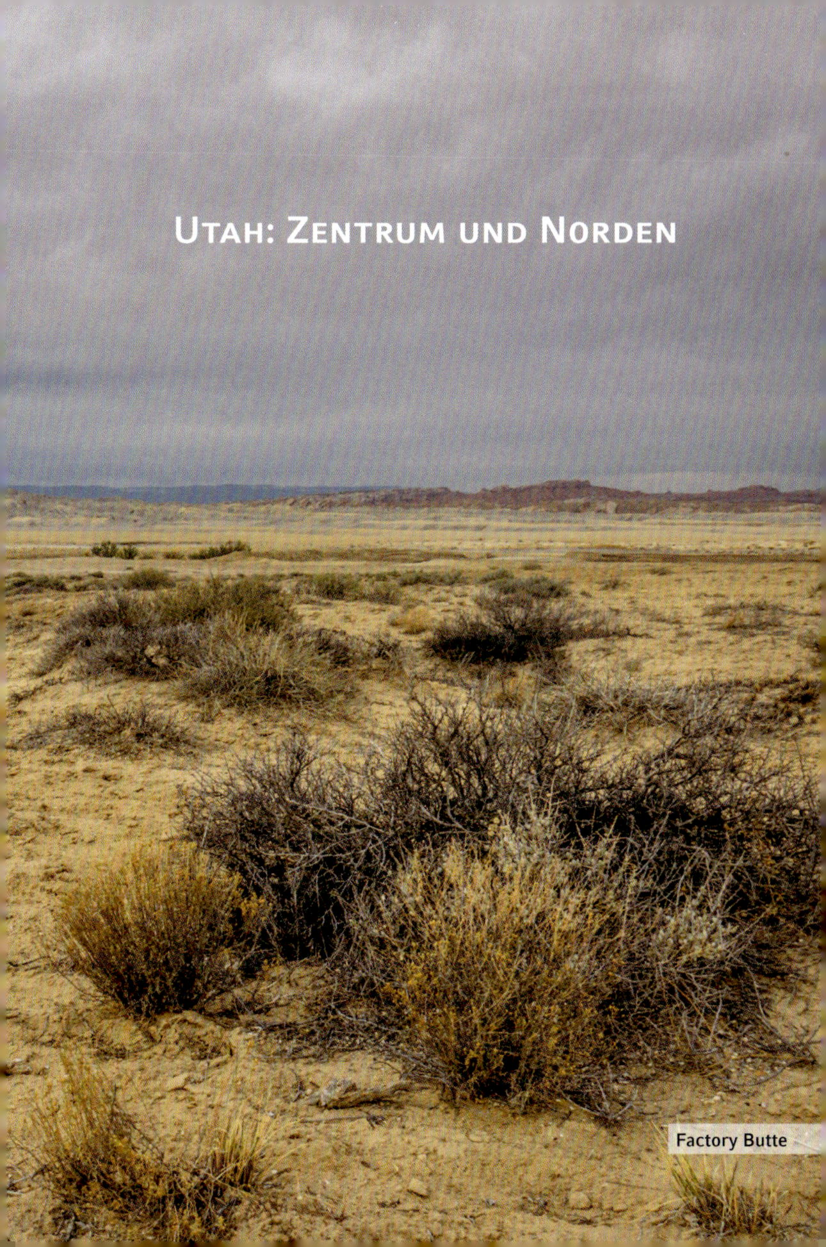

Factory Butte

Utah: Zentrum und Norden

43. Bonneville Salt Flats State Park: Salz soweit das Auge reicht
44. The Wedge: Wildnis pur am Little Grand Canyon
45. Little Wild Horse Canyon: Der etwas andere Slot Canyon
46. Factory Butte und Cainville Badlands: Ode an die Ödnis
47. Hole-in-the-Rock Road: Abenteuer pur auf staubiger Piste
48. Mirror Lake Highway: Straße der tausend Seen
49. Cottonwood Canyons: Alpines Paradies vor den Toren von Salt Lake City
50. American Fork Canyon & Alpine Loop: Eine Panoramafahrt durch Utahs Herz

Hogup
Pilot Valley
Great Salt Lake
Ogden
Evanston
80
WYOMING
Layton
Coalville
43
48
49
West Wendover
80
Salt Lake City
Kamas
50
Great Salt
Lake Desert
Grantsville
Tooele
Heber City
Provo
40
Utah Lake
Duchesne
East Portal
Spanish Fork
UTAH
Nephi
Scofield
Price
Joy
Levan
Gandy
Delta
15
Ephraim
Scipio
Castle Dale
44
Gunnison
Fillmore
Salina
Iron Basin
10
70
Richfield
50
45
Fishlake
National Forest
46
Loa
Caineville
Mud Springs
Beaver
15
89
Parowan
47
12
Glen Canyon National
Recreation Area
0
100 km
Bullfrog

43. Bonneville Salt Flats State Park: Salz soweit das Auge reicht

Die weißen Salzschollen wirken wie die Oberfläche eines fernen Planeten. Soweit das Auge reicht, erstrecken sie sich gen Horizont und bilden einen atemberaubenden Kontrast zum warmen Orange der untergehenden Sonne. Wer an Utah denkt, hat meist rote Felsformationen und Slot Canyons in Sandwüsten vor dem geistigen Auge. Ein ganz anderes, aber nicht weniger monumentales Bild einer Wüste lässt sich an den Bonneville Salt Flats bestaunen: ein scheinbar unendlich weites, kalkweißes Salzfeld, das sich bis zum Horizont erstreckt.

Salz soweit das Auge reicht

Der Bonneville Salt Flats State Park liegt im Gebiet der Great Salt Lake Desert im nördlichen Utah an der Grenze zu Nevada. Gegen Ende der letzten Eiszeit dehnte sich der See auf fast 52.000 Quadratkilometer aus und war damit fast so groß wie der Lake Michigan als einer der fünf Great Lakes. Infolge einer Flut ergossen sich große Teile des Sees nach Norden. Als sich das Klima weiter veränderte, trocknete der Lake Bonneville westlich der Rocky Mountains aus und hinterließ aufgrund des hohen Salzgehalts die strahlend weißen Salt Flats, deren Areal sich insgesamt auf über 10.000 Quadratkilometer erstreckt.

Für die Anfahrt empfiehlt sich Salt Lake City als Ausgangspunkt. Die Hauptstadt Utahs ist natürlich selbst auch einen Besuch wert.

Nur eine Stunde Fahrtzeit auf der Interstate 80 liegen die Bonneville Salt Flats von der 1,2 Millionen-Einwohner-Stadt entfernt. Die Fernstraße ist die zweitlängste der USA und verbindet San Francisco mit der Metropolregion von New York. Sie ist eine Hauptschlagader für den Lkw-Güterverkehr. Die Fahrt auf die Interstate nach Westen gleicht einer Reise auf einen anderen Planeten. Nicht nur das Bild der pulsierenden Großstadt schwindet allmählich im Rückspiegel, auch jegliche grüne Vegetation am Wegesrand weicht Einöde und Kargheit, die gleichsam schön und erstaunlich wirken.

Eine weitere Alternative wäre die Anreise von dem 1100 Einwohner großen Örtchen West Wendover, das kurz hinter der Grenze in Nevada liegt. Charakteristisch für die kleine Siedlung sind zahlreiche Casinos, die den vielen passierenden Fernfahrern etwas bunte Abwechslung versprechen. Für Touristen wirkt das Örtchen eher wie ein nur mäßig gelungener Versuch, Las Vegas nachzueifern.

Im bekanntesten Teil des Parks, nördlich des Highways, finden seit 1896 regelmäßig Motorrallyes und Geschwindigkeitsrekorde statt. 1970 raste das Raketenauto „Blue Flame" mit über 1000 Stundenkilometern über die Salzfläche. Jährlich fallen hier bis zu 200 Millimeter Niederschlag, daher findet die „Speed Week" im trockenen August statt.

Um die Salt Flats zu erkunden, empfiehlt sich ein simpler Rastplatz an der Interstate als Startpunkt. Von Salt Lake City aus befindet sich die Salt Flats Rest Area Westbound noch vor dem Speedway und somit ebenso knapp vor der Grenze zu Nevada. Hier gibt es keine Tankstelle oder Kiosk, nur ein kleines Toilettenhäuschen. Ab hier kann das Gebiet bequem selbstständig erkundet werden.

Rund um den Parkplatz herum finden sich überall Fußabdrücke und kaum ein Meter unberührter Untergrund. Es bietet sich daher an, einige hundert Meter weit auf die Salzfläche zu gehen, allein um dem Geräuschpegel des Highways zu entkommen. Nach ein paar Gehminuten erstreckt sich scheinbar grenzenlos und recht surreal die reine, weiße Salzfläche. Das Areal ist so flach, dass sich mit bloßem Auge die Erdkrümmung erkennen lässt. Die schönsten Kontraste der schollenartigen Salzfelder lassen sich am besten zum späten Nachmittag vor Sonnenuntergang erkennen.

Die Salzwüste zum Sonnenuntergang

INFO

Lage: Im Nordwesten Utahs, direkt an der Grenze zu Nevada, ca. 170 Kilometer westlich von Salt Lake City. GPS: Rest Area 40.740364, -113.851695.

Websites:

- *utah.com/destinations/natural-areas/bonneville-salt-flats*
- *visitsaltlake.com*

Hinweise:

- Nach teilweise sehr kräftigen Niederschlägen kann der Boden extrem aufweichen. Daher unbedingt festes Schuhwerk tragen.
- Niemals mit dem Auto auf die Salzfläche fahren. Verboten ist es ohnehin, doch im Salz kann sich ein Auto so festfahren, dass eine aufwendige und teure Bergung notwendig wird.

44. The Wedge: Wildnis pur am Little Grand Canyon

Enge, gewundene Canyons, malerisch bunte Sandsteinformationen und atemberaubende Panoramen – das Emery County ist Heimat eines der bislang am besten gehüteten Geheimnisse der wunderschönen Natur in Utah. Gelegen in einer Region, in der sich einige der bekanntesten Nationalparks und Naturattraktionen der USA befinden, ist das circa 8000 Quadratkilometer große Gebiet nördlich des Ortes Hanksville geradezu unbekannt. Das County – mitten im Herzen des Staates – ist Heimat der geologischen Region San Rafael Swell, einem vor etwa 40 bis 60 Millionen Jahren durch Erosion geformten Wunderland aus zerklüfteten Felsen und tiefen Canyons.

Der „kleine Grand Canyon"

Die von Ost nach West verlaufende Hauptverkehrsader der gesamten Region, die Interstate 70, teilt das San Rafael Swell in etwa mittig und beschert zumindest den südlichsten Ausläufern nahe Hanksville und dem bekannten Goblin Valley State Park einige Besucher. Der Teil nördlich der Interstate allerdings wartet mit purer Backcountry-Atmosphäre auf – hierher verirrt sich kaum ein Tourist.

Auf der Suche nach einzigartigen und wirklich unbekannten Highlights des Südwestens verspricht das nordöstliche Ende des San Rafael Swell eine wirkliche Sensation. Denn hier liegt der Wedge Overlook. Dieser Aussichtspunkt (der genau genommen gar kein einzelner Punkt, sondern die Abbruchkante eines Steilhangs ist) offenbart einen phänomenalen Ausblick auf die im Swell gelegene Sids Mountain Wilderness Area.

Die Region trägt zu Recht den Beinamen „Little Grand Canyon"; die Formen und Farben der Sandsteinfelsen erinnern tatsächlich sehr an die circa 350 Kilometer entfernte und zugegebenermaßen deutlich größere Variante im benachbarten Arizona. Dennoch, eine kurze Wanderung entlang des Rim oder ein ausgedehntes Picknick in nahezu unberührter, wilder Natur versprechen ein gelungenes Kontrastprogramm zu den oftmals sehr gut besuchten Nationalparks in Utah.

Dieser nördliche Bereich des San Rafael Swell liegt sehr abgeschieden und bietet kaum touristisch-relevante Infrastruktur, geschweige denn asphaltierte Straßen. Und obwohl der Wedge Overlook nur circa 30 Kilometer (Luftlinie) nördlich der Interstate liegt, bedarf es schon eines Tagesausfluges, um diesen besonderen Ort zu erkunden. Von Moab oder Hanksville beträgt die Anfahrt zwischen 2,5 und drei Stunden. Die nächstgelegenen Möglichkeiten,

Faszinierende Landschaft

Beeindruckender Blick in das Tal

in einem Hotel unterzukommen, sind Price, Green River oder Moab. Allerdings gibt es zwei wunderschön gelegene Campingplätze – auf dem Felsplateau direkt am Aussichtspunkt und am Fuße des Steilhangs, direkt am San Rafael River.

Je nach Abenteuerlust und Straßenverhältnissen kann ein Besuch am Wedge Overlook ideal mit einer ausgedehnten Tour über staubige Dirt Roads durch die gleichermaßen abwechslungsreiche wie bannende Landschaft kombiniert werden. Nach einer Übernachtung in Price und dem Besuch des Little Grand Canyon ist die Fahrt über die Forest Road 332 (Buckhorn Draw Road) besonders idyllisch und auch ein wenig einsam. Diese führt vom Felsplateau hinab in die Ebene und südwärts in Richtung der Interstate durch Teile des Little Grand Canyon.

INFO

Lage: Emery County im östlichen Utah, 60 Kilometer südlich von Price, UT, 50 Kilometer nordwestlich von Green River, UT. GPS: Aussichtspunkt 39.095944, -110.749363.

Website:
utah.com/things-to-do/scenic-drives/the-wedge-overlook/

Hinweis: Vor Fahrtantritt unbedingt Informationen über den Straßenzustand einholen.

45. Little Wild Horse Canyon: Der etwas andere Slot Canyon

Der ausgetrocknete Bachlauf schlängelt sich durch die tiefe, schulterbreite Felsspalte und versetzt Besucher binnen Sekunden in das typische Südwest-Feeling: staubige Luft, ein enger Canyon und strahlender Sonnenschein. So einfach und bequem wie kein Zweiter gewährt der Little Wild Horse Canyon Besuchern Zutritt in die atemberaubende Wüstenlandschaft des San Rafael Swell.

Der südliche Teil des San Rafael Swell ist unter anderem Heimat des relativ bekannten Goblin Valley State Park. Nur circa 40 Autominuten nördlich des nicht einmal 300 Einwohner zählenden Örtchens Hanksville bringen die kleinen wie großen grotesken Felshügel – Goblins genannt – Besucher ins Staunen und zeigen, wie absurd und dabei so wunderschön Wüste sein kann.

Gewundene Felswände

Und nur wenige Autominuten vom Park entfernt, liegt ein weiteres Highlight der Region, das bei europäischen Reisenden jedoch weniger Beachtung findet: der Little Wild Horse Canyon. Anders als viele Slot Canyons im Südwesten ist der Little Wild Horse Canyon über eine nur kurze Wanderung erreichbar. Es bedarf keinerlei technischer Ausrüstung oder extremer sportlicher Ausdauer, um in den Genuss der abenteuerlichen Atmosphäre zu kommen, die die eng zusammenstehenden Felswände schaffen. Über diesen Trail lässt sich auch der benachbarte Bell Canyon erkunden. Ein kombinierter Roundtrip umfasst allerdings insgesamt 13 Kilometer.

Gerade einmal einen Kilometer vom Parkplatz entfernt, trennen sich die beiden Wanderwege, und der Little Wild Horse Canyon beginnt unmittelbar zur Rechten. Nur wenige Schritte später erreichen die

Eng, enger, Slot Canyon

Stark verwitterte Felswände

Felswände bereits eine stattliche maximale Höhe von 130 Metern. Im Gegensatz zu vielen anderen Slot Canyons sind die Felswände nicht einfach nur durch die Jahrtausende lange Arbeit von Wind, Wasser und Sonne glatt geschliffen. Vielmehr ist ihnen die starke Verwitterung deutlich anzumerken. Kleine wie große Ausbuchtungen und Hohlräume überziehen den in abwechslungsreichen Rot-, Braun- und Gelbtönen erstrahlenden Sandstein und verleihen diesem Ort so einen ganz besonderen, einzigartigen Charme. Bereits nach gut zwei Kilometern sind die Engstellen erreicht, die das eigentliche Highlight der Wanderung ausmachen, sodass ohne schlechtes Gewissen einfach an einer beliebigen Stelle der Rückweg angetreten werden kann.

Öffnen sich auf dem Rückweg die Canyon-Wände und kommt der Parkplatz langsam wieder in Sichtweite, fühlt es sich fast so an, als würde eine andere Welt verlassen. Die Enge weicht unwirklicher Weite. Die verschiedenen Facetten des San Rafael Swell hinterlassen bei vielen Besuchern einen bleibenden Eindruck. Tatsächlich wirkt die Region so surreal und geradezu außerirdisch, dass hier sogar der Mars simuliert wird. Weltweit betreibt die gemeinnützige Mars

Tolle Perspektiven entlang des Weges

Society mehrere Forschungslabore, um wissenschaftliche Experimente mit Bezug zum Leben auf dem Mars durchzuführen. So haben über 200 Besatzungen die nahe Hanksville gelegene Mars Desert Research Station in den vergangenen zwei Dekaden für bis zu mehrere Monate bewohnt.

INFO

Lage: In Zentral-Utah, im südlichen Teil des San Rafael Swell zwischen den Nationalparks Capitol Reef und Canyonlands. GPS: Parkplatz 38.582866, -110.802896, Abzweigung Little Wild Horse/Bell Canyon 38.588930, -110.806643, Beginn Engstelle 38.594728, -110.807308.

Wanderung: leicht, Länge: ab vier Kilometer

Websites:

- *capitolreef.org/hanksville*
- *stateparks.utah.gov/parks/goblin-valley*
- *utah.com/destinations/regions/the-holey-land/little-wild-horse-canyon/*

Hinweis: Vor jeder Wanderung in Slot Canyons den aktuellen Wetterbericht prüfen. Bei einer Regenvorhersage nicht in den Canyon steigen; bei einsetzendem Regen sofort und schnellstmöglich aus dem Canyon hinausgehen und höher gelegene Gebiete aufsuchen.

46. Factory Butte und Caineville Badlands: Ode an die Ödnis

Das Spiel von Licht und Schatten, das sich in den tiefen Furchen der riesigen blaugräulichen Felswand des Factory Butte fängt, entfaltet schnell eine geradezu hypnotisierende Wirkung. Unwirklich und verödet wirkt die Landschaft, dessen Anmut dennoch jeden Besucher binnen Sekunden packt. Die Natur schafft es hier, etwas vermeintlich Lebensfeindliches beeindruckend und schön aussehen zu lassen.

Der Factory Butte in voller Pracht

Für viele Besucher, die auf Utahs Nationalparkroute unterwegs sind, verbindet die State Route 24 den Capitol Reef National Park bei Torrey mit den Nationalparks Arches und Canonylands bei Moab. Weite Teile des Streckenverlaufes führt die UT-24 entlang des Freemont River und bindet das infrastrukturell relativ schwach erschlossene Gebiet östlich des Capitol Reef an die Interstate 70 an. Der Straßenverlauf führt hierbei durch eine mehr als unwirkliche Region, die mit verlassenen, verfallenen Dörfern und überwiegend grauer Natur – mit dem Charme einer Kiesgrube – auf den ersten Blick mehr als bedeutungslos wirkt.

Kontrastreiche Schattierung

Trotz der verständlichen Ungeduld angesichts der nahe liegenden Nationalparks lohnt sich ein Zwischenstopp, um hier eine etwas andere Schönheit des amerikanischen Südwestens zu entdecken.

Die sogenannten Caineville Badlands erstrecken sich in unmittelbarer Nähe der Ortschaft Caineville zu beiden Seiten der UT-24 zwischen dem Capitol Reef National Park und Hanksville. Die Badlands – was so viel bedeutet wie „verödetes Land" – machen ihrem Namen alle Ehre. Denn die Mischung aus überwiegend orangegrauem Sandstein, schroffem Schiefer und durch Betonit grau gefärbten Tongestein lassen diesen Ort wie eine weitestgehend triste Landschaft von einem anderen Planeten erscheinen. Die gleichermaßen hügeligen wie lehmigen Flächen sind annähernd bar jeder Vegetation. Charakteristisch für diese Region sind die deutlich hervorstechenden Tafelberge mit abgeflachter Spitze.

Der prominenteste Vertreter dieser schroffen Hügel ist der imposante Factory Butte, dessen Spitze immerhin annähernd stolze 2000 Meter (über dem Meeresspiegel) erreicht. Zwölf Kilometer östlich von Caineville oder 17 Kilometer westlich von Hanksville bietet die nordwärts abzweigende Coal Mine Road einen idealen Ausgangspunkt, um dem Factory Butte und den Caineville Badlands einem Besuch abzustatten. Nach nur circa zehn Kilometern auf der bei Trockenheit für alle Fahrzeuge problemlos befahrbaren Schotterstraße ist die östliche Flanke des beeindruckenden Tafelberges erreicht, der sich wegweisend bereits aus weiter Entfernung zu erkennen gibt.

Zwar ließe sich der Factory Butte auf der Factory Road umrunden – da jedoch der Straßenzustand nicht konstant so gut bleibt, wie die ersten Kilometer vermuten lassen, sollte die weitere Route eher Allrad-Fahrzeugen vorbehalten bleiben. Aber natürlich spricht nichts gegen eine fußläufige Entdeckungstour. Im Gegenteil: In der Umgebung, in der sich nur selten andere Menschen verirren, wartet eine imposante, je nach Lichteinfall blau, grau oder gelbbräunlich schimmernde Landschaft mit zahlreichen Schluchten und Hügeln, die es gilt, genauer unter die Lupe zu nehmen.

Der Nahbereich des Factory Butte ist abseits der offiziellen Straßen für Fahrzeuge aller Art gesperrt, da hier einige wenige, aber dafür sehr seltene Kakteen wachsen.

INFO

Lage: Der Factory Butte liegt in Süd-Utah, in den Caineville Badlands, Luftlinie ungefähr auf halber Strecke zwischen dem Goblin Valley State Park und dem Capitol Reef National Park. GPS: Abzweigung Coal Mine Road 38.367057, -110.892266, Factory Butte 38.437460, -110.913319.

Websites:

- *recreation.gov/camping/gateways/16219*
- *nps.gov/care/index.htm*
- *stateparks.utah.gov/parks/goblin-valley*

47. Hole-in-the-Rock Road: Abenteuer pur auf staubiger Piste

Staub wirbelt auf – im Rückspiegel ist nicht viel mehr zu erkennen als eine große gelbbraune Wolke aus Utahs bestem Wüstensand. Aber die Strecke verspricht nicht nur Fahrspaß, sie führt zu einigen der größten Schätze des Grand Staircase-Escalante National Monument. Spannende Outdoor-Abenteuer warten entlang der Fahrt auf der Hole-in-the-Rock Road.

Es braucht nur ein paar dunkle Wolken und wenige Regentropfen – und die staubige Piste verwandelt sich in eine lehmige Rutschbahn, auf der selbst geübte Fahrer schnell verzweifeln und in regelmäßigen Abständen einfach steckenbleiben. Dennoch sind hier die Gewalten der Natur besonders gut und glücklicherweise relativ gefahrlos zu erleben. Und zugegebenermaßen machen sie auch einen Teil des Thrills und des Besonderen der einzigartigen Straße in der Einöde aus. Im trockenen Zustand ist der überwiegende Teil der Straße normalerweise auch für Pkw ohne Allradantrieb gut befahrbar. Lediglich die letzten circa zehn Kilometer sowie die unzähligen Nebenstraßen erfordern ein geländegängiges Fahrzeug.

Legendäre Schotterpiste

Die historische Hole-in-the-Rock Road diente von Ende des 19. Jahrhunderts an mormonischen Siedlern als Weg zum Colorado River. Die offiziell als BLM-200 betitelte Straße befindet sich nur etwa neun Kilometer von dem 800 Einwohner großen Ort Escalante entfernt. Die Ortschaft ist daher auch der perfekte Ausgangspunkt für Besucher. Der Namensgeber dieses Ortes mit rustikal-ursprünglichem Charme hat allerdings anders als vermutet europäische Wurzeln. Der spanische Missionar Silvestre Vélez de Escalante erforschte als erster Europäer die Gegend, die nahe dem Calf Creek Canyon und dem heutigen Grand Staircase-Escalante National Monument liegt.

Wer zu früher Stunde auf der Hole-in-the-Rock Road unterwegs ist, hat zahlreiche Möglichkeiten, den gesamten Tag über verschiedene Highlights dieser unberührten Natur Utahs zu entdecken. Bereits nach weniger als 20 Kilometern eröffnet sich den Reisenden der Devil's Garden: ein bizarr-schönes Areal aus rotorangen Sandsteinsäulen, die in den Himmel Utahs ragen. Wind und Wasser haben über die Jahrtausende hier imposante Formationen wie den filigranen Metate Arch und den beeindruckenden Mano Arch geformt. Der weiche Wüstensand unter den Füßen und die schier endlose Farbenvielfalt der Sandsteinformationen, die in der Abendsonne zu leuchten beginnen, machen den Besuch zu einem unvergesslichen Erlebnis.

Weiter entlang der Straße befinden sich zudem drei fast direkt nebeneinander liegende Slot Canyons, die unterschiedlicher kaum sein könnten: Dry Fork Slot Canyon, Peek-a-boo Canyon und Spooky Slot Canyon. Die Zufahrt erfolgt ab Kilometer 42 über eine kleine unebene Nebenstraße. Die abenteuerliche Fahrt lohnt sich in jedem Fall. Denn auch weitere Highlights wie die Wanderwege zum Coyote Gulch, Willow Gulch und Davis Gulch sind von hier gut erreichbar.

Wer sich bis an das Ende der Schotterpiste wagt, wird auf den letzten Kilometern gleich mit mehreren absolut atemberaubenden Naturerlebnissen in Staunen versetzt. Mehrere spektakuläre Arches und Felsmonolithen wie beispielsweise der 30 Meter aus der fast schon eben wirkenden Landschaft hinausragende Chimney Rock können hier angesteuert werden. Am Ende der Straße angekommen, wartet am Hole-in-the-Rock tatsächlich das Blau des Lake Powell. Eine gefühlte Ewigkeit hat es sich den Fahrzeuginsassen bei der abenteuerreichen Fahrt durch die Wüste nicht mehr gezeigt. Für erfahrene Hiker ist der Abstieg zum kühlen Nass eine willkommene Abwechslung nach der gleichermaßen anstrengenden wie abwechslungsreichen Tour. Besucher mit Ambitionen für Mehrtages-Wanderungen können von hier zum

Imposante Erscheinungen

bekannten Reflection Canyon hiken. Zweifelsohne eine Tour für erfahrene Backpacker, deren Anstrengungen mit einem unschlagbar schönen Ausblick über den Lake Powell belohnt wird.

Besonders zum Sonnenuntergang ein Erlebnis

INFO

Lage: In den Countys Garfield und Kane. GPS: Parkplatz 37.585766, -111.414621, Metate Arch 37.584570, -111.413747, Mano Arch 37.584430, -111.413469.

Websites:

- *blm.gov/visit/escalante-interagency-visitor-center*
- *visitutah.com/Articles/Devils-Garden*
- *nps.gov/thingstodo/driving-the-hole-in-the-rock-road.htm*

Hinweise:

- Straßenverhältnisse vor Antritt der Fahrt überprüfen, da die Straßenverhältnisse sich schlagartig ändern können.
- Um Devil's Garden zu erreichen, ist bei trockenen Verhältnissen ein üblicher Pkw ausreichend.
- Ausreichend Wasser und Lebensmittel im Fall einer Panne mitführen.

48. Mirror Lake Highway: Strasse der tausend Seen

Die Weite Nordamerikas offenbart sich in vielen ihrer spektakulären Panoramastraßen. Eines der am wenigsten bekannten, aber ebenso beeindruckenden Beispiele findet sich im nördlichen Utah: der Mirror Lake Highway. Wer sich für eine Reise entlang dieser besonderen Straße entscheidet, wird mit der Vielfalt und Abgeschiedenheit belohnt. Das wahre Highlight des Mirror Lake Highway ist nicht nur ein spezifischer Ort, sondern das überwältigende Gefühl von Freiheit und Weite. Hier kann man abschalten, sich treiben lassen und in einem Moment der Ruhe die Schönheit der Natur in sich aufnehmen.

Für viele Europäer ist der Begriff „Mirror Lake Highway" kein Begriff. Dabei schlängelt sich diese malerische Straße, die die offizielle Bezeichnung UT-150 trägt, zwischen Kamas und der Grenze zu Wyoming durch eine atemberaubende Naturkulisse. Türkisblaue alpine Bergseen und dichte Nadelwälder wechseln

Durch Wälder und Berge – der Mirror Lake Highway

sich mit rostbraunen Hügellandschaften ab – eine Panoramatour, die ihresgleichen sucht.

Das Abenteuer einer Fahrt auf dieser einzigartigen Straße beginnt am besten in Wyoming in Fahrtrichtung Süden. Schon die ersten Kilometer sind ein Spektakel für sich. Kaum ist die Grenze zu Utah passiert, wandelt sich die landschaftliche Kulisse im Sekundentakt. Flache Graslandschaften weichen nach und nach einem dichten Wald. Wenn sich dann schlussendlich noch die Berge am

Spiegelglatte Oberfläche eines Sees am Mirror Lake Highway

Horizont abzeichnen, beginnt das Abenteuer. Bevor allerdings zumindest gefühlt die Zivilisation in weite Ferne rückt, sollten Besucher an der Bear River Guard Station halten. Hier bieten Ranger wertvolle Tipps und Karten an – unverzichtbar in einer Region, in der das Handy oft schweigt.

Auch wenn das sich verfärbende Laub im Herbst ein sehr reizvolles Motiv bietet, so bleibt bei Fahrten auf dem Mirror Lake Highway außerhalb der warmen Sommermonate oft die Unsicherheit von möglichen Straßensperrungen. Der gesamte Highway ist in der Wintersaison aufgrund des massiven Schneefalls der Region

Panoramablick auf unberührte Landschaften

nicht befahrbar. Die jeweiligen Daten für Sperrung und Wiedereröffnung sind dabei immer von den aktuellen Wetter- und Straßenverhältnissen abhängig.

Der namensgebende Mirror Lake zieht viele einheimische Besucher an. Doch der Highway hat noch viel mehr zu bieten als diesen einen See. Lost Lake, Butterfly Lake, Cliff Lake, oder doch lieber gleich eine Wanderung mit dem vielversprechenden Namen „20 Lakes Loop"? Jeder der vielen Seen hat einen eigenen Charakter und erzählt seine eigene Geschichte. Wanderungen hier führen meist durch die unberührte Natur des National Forest, sind abwechslungsreich und inspirierend.

Besucher, die einen perfekten Ausblick über die Landschaft suchen, sollten den Bald Mountain Pass nicht verpassen. Mit fast

3300 Metern ist er der höchste Punkt des Highways. Von hier aus bietet sich ein unvergleichlicher Ausblick auf die schier endlose Waldlandschaft. Nur ein kurzes Stück weiter, und die Provo Falls präsentieren sich in all ihrer Pracht. Ein ausgebauter Spazierweg führt zu einem Teil dieser beeindruckenden Kaskaden-Wasserfälle.

Die Dynamik der Landschaft entlang des Mirror Lake Highway ist atemberaubend: Tiefe Wälder, steile Berghänge und nicht zuletzt die malerischen Seen, die sich wie blaue Farbtupfer in die Kulisse einfügen. Hier lohnt es sich treiben zu lassen und den kleinen Waldstraßen zu folgen. Es ist ein bereicherndes Erlebnis, einfach dort zu verweilen, wo die Landschaft am meisten gefällt.

Türkisblauer Bergsee entlang des Mirror Lake Highway

INFO

Lage: In Nord-Utah, erstreckt sich von Kamas, UT, bis zur Grenze von Wyoming. GPS: 40.712776, -110.952118

Website: *fs.usda.gov/uwcnf*

49. Cottonwood Canyons: Alpines Paradies vor den Toren von Salt Lake City

Während in Salt Lake City das Thermometer die 30-Grad-Marke erreicht und die Sonne unerbittlich vom Himmel brennt, wartet nur wenige Autominuten entfernt ein völlig anderes Szenario: schneebedeckte Pfade, kristallklare Seen und das erfrischende Gefühl von alpiner Höhenluft. Es ist wie das Betreten einer anderen Welt, wo dichte Wälder, wildblühende Wiesen und majestätische Berge den Horizont dominieren.

Eingebettet in die beeindruckende Kulisse der Wasatch Front, die sich östlich von Salt Lake City über eine Länge von rund 130 Kilometern erstreckt, finden sich die Big und Little Cottonwood Canyons. Sie sind wahre Juwelen in Utahs beeindruckender Berg-

Einfahrt in den Little Cottonwood Canyon

landschaft. Zwar liegen die Canyons nur einen Steinwurf von der Metropole Salt Lake City entfernt, dennoch könnte die Landschaft nicht kontrastreicher sein. Der Big Cottonwood Canyon, erreichbar über die UT-152, entführt in eine dramatische Alpenwelt. Schon bald nach Beginn der Fahrt werden Besucher mit einer atemberaubenden Szenerie aus saftig grünen Wäldern und schroffen Gipfeln belohnt. Historische Relikte entlang der Strecke, insbesondere die Spuren alter Minen aus dem 19. Jahrhundert, zeugen von der Zeit, als Gold- und Silbergräber hier ihr Glück suchten.

Winterlicher Bergsee im Big Cottonwood Canyon

Zu den Höhepunkten des Big Cottonwood Canyon gehören die Skigebiete Solitude und Brighton, die nicht nur Wintersportlern erstklassige Bedingungen bieten. Wanderer finden hier zahlreiche Pfade zu glitzernden Bergseen, darunter Twin Lakes, Lake Mary, Lake Martha und Dog Lake. Die Natur entfaltet ihre ganze Pracht in dieser Region, wo saftige grüne Wälder auf schroffe Berggipfel treffen und den Himmel berühren.

Etwas südlicher führt der Little Cottonwood Canyon entlang der UT-210 tief in die Herzen der Bergfreunde. Etwas kürzer und bezogen auf die Streckenführung deutlich gerader gibt es auch hier viel zu entdecken. Mit Snowbird und Alta befinden sich hier zwei renommierte Ski-Resorts. Das Albion Basin hingegen ist für seine wilden Blumenwiesen berühmt und zählt zu den am meisten

Blick in das weite Tal des Little Cottonwood Canyon

fotografierten Gebieten in Nord-Utah. Die Snowbird Tram, die Besucher auf den Hidden Peak befördert, ist ein weiteres Highlight und die Aussicht von dort oben schlichtweg spektakulär. Und für diejenigen, die die Geschichten hinter den Landschaften schätzen, lohnt sich ein Blick in die Vergangenheit, als Alta noch eine Silberminenstadt war, bevor es sich in ein Wintersportparadies verwandelte.

Die Faszination dieser Canyons geht jedoch weit über ihre natürliche Schönheit hinaus. Hier sind Geschichten von Entdeckern, Abenteurern und Pionieren eingraviert, die das unwegsame Gelände überwanden und sich von der wilden Region nicht abschrecken ließen. Es sind Erzählungen von Menschen, die in diesen Bergen ihre Heimat und ihren Lebensunterhalt fanden, und von denen, die einfach nur dem Ruf der Wildnis folgten.

Der Rückweg aus dem Little Cottonwood Canyon bietet, besonders bei Sonnenuntergang, ein unvergessliches Erlebnis. Wenn das Tal in den warmen Tönen des Abends badet, die Berge ihre Schatten werfen und die Lichter von Salt Lake City in der Ferne funkeln, wird einem bewusst, wie nah diese urbane Metropole und die unberührte Natur beieinander liegen. Es ist ein Ort des Gleichgewichts und der Koexistenz, ein Zeugnis dafür, wie der Mensch und die Natur in Harmonie miteinander leben können, wenn man sie lässt.

Sonnenuntergang über dem Little Cottonwood Canyon

Ein Ausflug in die Cottonwood Canyons ist nicht nur eine Flucht aus dem städtischen Trubel, sondern auch eine Reise in die Tiefe der amerikanischen Geschichte und Kultur. Der Granit aus dem Little Cottonwood Canyon etwa schmückt einige der bekanntesten Bauwerke Utahs, darunter das ikonische State Capitol.

INFO

Lage: In den Wasatch Mountains, nahe Salt Lake City, Utah. Big Cottonwood Canyon GPS: 40.619739, -111.789937; Little Cottonwood Canyon GPS: 40.572984, -111.773233.

Website: *visitutah.com/things-to-do/road-trips/scenic-byways/little-cottonwood-canyon-scenic-byway*

50. AMERICAN FORK CANYON & ALPINE LOOP: EINE PANORAMAFAHRT DURCH UTAHS HERZ

Das weiche Licht der Herbstsonne bahnt sich ihren Weg durch das dichte, rötlich bunte Blätterdach. Das grelle Lichtspiel taucht die serpentinenreiche Straße in eine geradezu mystische Atmosphäre. Die Natur zeichnet hier ein beeindruckendes Bild von schroffen, granitbesetzten Hängen, die von dichten Wäldern durchzogen sind. In den Tiefen der Wasatch Range, nicht weit von den städtischen Zentren Salt Lake City und Provo entfernt, verbirgt sich ein Stück Natur, das sowohl Ruhe als auch atemberaubende Landschaften verspricht. Der American Fork Canyon, benannt nach dem gleichnamigen Fluss, bietet Reisenden eine abwechslungsreiche Mischung aus Farben, Formen und Outdoor-Erlebnissen.

Beginnend in der Nähe von Highland schlängelt sich die Straße in den American Fork Canyon. Hier, umgeben von hohen Granit-

Herbstliche Farbenpracht entlang der kurvenreichen Straße

klippen und dichten Kiefernwäldern, fühlt es sich an, als wäre man Meilen von jeglicher Zivilisation entfernt. Doch der wahre Star dieser Region ist der Alpine Loop, eine etwa 32 Kilometer lange malerische Straße, die den American Fork Canyon mit dem Provo Canyon verbindet.

Majestätische Gipfel und dichte Wälder

Der Weg des Alpine Loop bietet einige der besten Aussichten der Wasatch Mountains. Mit jeder Kurve offenbart die Straße eine neue, atemberaubende Perspektive auf tiefe Wälder, schroffe Gipfel und gelegentlich sogar auf Wildtiere wie Hirsche und Elche, die in diesen Höhen leben.

Besonders im Herbst, wenn sich das Laub von Gold zu Rot färbt, wird der Alpine Loop zu einem wahren Fest für die Sinne. Espen schimmern in der Herbstsonne, während Ahornbäume den Wald in ein Meer aus Scharlach verwandeln. Für Fotografen und Naturliebhaber gleichermaßen ist dies die Zeit, in der dieser Ort in voller Pracht erstrahlt.

Aber nicht nur die Aussichten ziehen Besucher an. Entlang der Strecke finden sich zahlreiche Aussichtspunkte und Wanderwege, die zu versteckten Wasserfällen, klaren Bergseen und historischen Stätten führen. Ein Highlight ist das Timpanogos Cave National Monument, eine beeindruckende Höhlenanlage, die nur durch geführte Touren zugänglich ist. Hier offenbaren sich dem Besucher faszinierende Stalaktiten, Stalagmiten und andere geologische Wunderwerke.

Warme Abendsonne im American Fork Canyon

Für Roadtrip-Reisende bietet sich die Gelegenheit, den Alpine Loop als Teil einer längeren Route durch Utah einzuplanen. In Kombination mit weiteren Attraktionen wie dem nahe gelegenen Sundance Resort oder dem mächtigen Mount Timpanogos wird schnell klar, warum dieser Teil des Staates als einer der schönsten in ganz Nordamerika gilt.

Eine kurze Anmerkung für alle, die das Abenteuer suchen: Der Alpine Loop ist nicht das ganze Jahr über befahrbar. Schneefall kann den Pass unpassierbar machen, meist von spätem Oktober bis Mai. Ein Check der aktuellen Straßenbedingungen vor der Abfahrt ist also unerlässlich.

Insgesamt ist der American Fork Canyon mit dem Alpine Loop eine unvergessliche Reise für alle, die die Schönheit Utahs in all ihrer Vielfalt erleben möchten. Es ist ein Ort, der zur Entspannung einlädt, inspiriert und immer wieder aufs Neue verzaubert.

Eine ruhige Fahrt durch den herbstlichen Wald

INFO

Lage: In Nord-Utah, nahe der Stadt Provo, circa 48 Kilometer südlich von Salt Lake City. GPS: 40.440200, -111.669500

Website: *utahvalley.com/listing/american-fork-canyon/693*

Register

Herbstliche Farbexplosion in den Wasatch Mountains

REGISTER

33-Hole-Overlook 112

A

A.B. Young Trail 16, 94
Alpine Loop Scenic Byway 246 ff.
Alstrom Point 172 ff.
American Fork Canyon 246 ff.
Amitabha Stupa and Peace Park 72 ff.
Antelope Canyon 168
Apache Trail 42 ff.
Arch 128 ff., 132, 163, 165, 235
Arches National Park 128 f.
Area 51 20
Arizona State Route 89 36
Arizona State Route 89A 91
Aussichtspunkt 16, 17, 41, 48, 55, 82, 87, 111, 142, 223, 225

B

Back Country Permit 32
Bald Mountain Pass 19, 240
Banjo Bill Picnic Site 88 ff.
Big Cottonwood Canyon 243
Big Horn Overlook 124 ff.
Big Water 173
Birthing Cave 18, 68 ff.
Bonneville Salt Flats State Park 218 ff.
Bowl of Fire 116 ff.
Bowtie Arch 128 ff.
Broken Arrow Trail 84 ff.
Buckskin Gulch 168 ff.
Buddhismus 72 ff.

C

Caineville Badlands 230 ff.
Campingplatz 138, 180, 182 f., 202
Canaan Mountain Wilderness 211
Candy Cliffs 191, 194 ff.
Canyonlands National Park 124, 126
Capitol Butte 68, 78
Capitol Reef National Park 231 f.
Cascade Falls 148 ff.
Catalina State Park 50 f.
Cathedral Gorge State Park 19, 100 ff.
Cathedral Rock 15, 73, 79, 80 ff.
Cedar Breaks National Monument 149
Cedar City Ranger District 149
Charleston Peak 106
Chicken Point 87
Chimney Rock 67, 75, 78, 236
Coal Mine Canyon 30 ff.
Coconino Forest 88 ff.
Coconino National Forest 16, 18, 68 ff.
Colorado River 141, 173, 235
Colorado-Plateau 39, 208
Corona Arch 128 ff.
Coronado National Forest 50 f.
Cottonwood Canyon Road 17, 156, 160 ff., 164, 167
Cottonwood Canyons 242 ff.
Coyote Buttes North 169

D

Dead Horse Point Overlook 124
Dead Horse Point State Park 124 ff.
Delta Pool 132 ff.
Devil's Garden 235
Devils Dining Room 86
Dirt Road 17, 62, 92, 138, 160 ff., 183, 210
Dixie National Forest 148 ff., 180 ff.
Dixie State Park 186
Dobbins Lookout 46 ff.
Doe Mountain 64 ff.

E

Edge of the World 16, 92 ff.
Erdkrümmung 221

F
Factory Butte 230 ff.
Felsformationen 14, 19, 86, 100 ff., 135, 162, 182
Fisher Towers 140 ff.
Four Corners 23
Frenchman Mountain 17, 111

G
Gates Pass Road 18, 52 ff.
Gebetsfahnen 72
Gestrichen 13, 15, 23, 33, 35, 50
Ghost Towns 23
Gooseberry Mesa 206 ff.
Grand Canyon 12, 30, 39, 43
Grand Staircase-Escalante National Monument 17, 156 ff., 160 ff., 164 ff., 234 ff.
Granitfelsen 36 f.
Grosvenor Arch 163, 165

H
Hanksville 22, 222, 226, 232 f.
HITRR Devil's Garden 235
Höhle 18, 60 ff., 68 ff., 152 ff., 188 ff.
Hole-in-the-Rock Road 234 ff.
House Rock Valley Road 170

J
Jennys Canyon 186
Johnson Canyon 188

K
Kakteen 12, 42 ff., 50 f., 52 ff., 65, 70, 130, 198
Kanab 152, 154, 156, 161, 170, 210
Kasha-Katuwe Tent Rocks 182
Kodachrome Basin State Park 156

L
Lake Mead 111, 112 ff., 116 ff.
Lake Mead National Recreation Area 112 ff., 116 ff.
Lake Powell 112, 172 ff., 236 f.
Las Vegas 16, 22, 105, 108 ff.
Las Vegas Strip 110
Lava 150, 184, 188
Leeds 195
Little Cottonwood Canyon 243 ff.
Little Grand Canyon 222 ff.
Little Rainbow Bridge 131
Little Wild Horse Canyon 226 ff.
Long Canyon Trail 68
Lost Dutchman State Park 43
Lower Hackberry Canyon 167

M
Mars Desert Research Station 22
Mirror Lake Highway (UT-150) 19, 238 ff.
Moab 128, 132 ff., 136 ff. 140 ff.
Mogollon Rim 38 ff.
Monolith 132 ff.
Moqui Cave 152, 154
Mount Lemmon 50
Muddy Mountain Wilderness 116

N
Narrows 136 ff., 156 ff., 163, 170
Navajo 21, 23, 32
Navajo Nation 21
Newspaper Rock 22

O
Oak Creek 15, 72, 80, 88 ff.
Onion Creek Narrows 136 ff.

P
Page 161, 168, 170, 173, 175
Paria Canyon-Vermilion Cliffs Wilderness Area 169
Payson 39
Petrified Forest National Park 21
Phoenix 12, 42 ff., 46 ff.
Pine Park 14, 180 ff.
Pink Jeep Tours 86

Pioniere 54, 186, 244
Prescott 35 ff.
Provo Falls 19, 241

Q
Quail Creek State Park 202

R
Red Bull Rampage 206
Red Cliffs Recreation Area 191, 198 ff.
Red Rock Canyon National Conservation Area 106
Red Rock Country 68 ff., 79, 83, 87, 91
Red Rocks 64 ff., 72
Rim Lakes Vista Overlook 40
River Mountains Loop Trail 115
Robbers Roost 60 ff.

S
Saguaro National Park 50, 53
Salt Lake City 13, 219, 242
Salzsee 218 ff.
San Rafael Swell 14, 222 ff., 226 ff.
Sand Cave 152 ff.
Sand Hollow State Park 124, 202 ff.
Sanddünen 13, 184 ff.
Scout Cave 188 ff.
Secret Slickrock 15, 82 ff.
Sedona 12, 16, 64, 68, 72, 76, 88
Shafer Canyon 125
Skigebiet 107, 243 f.
Skutumpah Road 156
Slot Canyon 112 ff., 139, 156 ff., 168 ff., 226 ff., 236
Snow Canyon State Park 184 ff., 188, 191, 199
South Mountain Park 47, 49
Speed Week 220
Spring Mountains 18, 104 ff.
St. George 188 f.
State Road 128 141
Sugarloaf Mountain 76 ff.
Sunset Point 16 f., 108 ff.
Superstition Mountains 43

T
The Knob (Jenga Rock) 95
The Wedge 14 f., 222 ff.
Theodore Roosevelt Dam 45
Timpanogos Cave National Monument 248
Toadstool Hoodoos 163
Tuba City 30
Tucson 12, 18, 50 f., 52 ff.
Twin Buttes 86, 87

U
Upper Red Rock Loop 81
US-89 156, 161, 170
Utah State Highway 128 138

V
Verde Valley 64 ff.
Vermillion Cliffs 210 ff.
Versteinerte Wälder 21
Vortex 15, 72 ff., 81

W
Wasatch Mountains 13, 247
Wasserfall 148 ff., 159, 201
Wassersport 204
Water Canyon 210 ff.
Watson Lake 34 ff.
West Fork Trail 88 f.
White Owl Trail 112 ff.
Willis Creek 156 ff.
Willow Creek Reservoir 37
Willow Lake 37
Willow Springs Lake 41
Woods Canyon Lake 41

Y
Yant Flat 194
Yellow Knolls 190 ff.
Yellow Rock 163, 164 ff.

Bildnachweis:
Alle Bilder von Imke Friedrichsen und Jan de Jonge, außer: Karten – Mapcreator.io, OSM.org, ©DLR, ©Airbus Defense and Space, ©Copernicus S. 24, 25, 29, 59, 99, 123, 147, 179, 217 | Matt Morgan S. 23o | noel-dejesus-unsplash S. 21o | sarah-lachise-unsplash S. 23u | stan-slade-unsplash S. 21u | Utah Office of Tourism S. 238